JN092697

# 総務 担当者のための
# 社会保険の電子申請ができるようになる本

村井志穂
MURA SHIHO

日本実業出版社

# は じ め に

　働き方の多様化や働き手の減少などに伴い、各種手続きの電子化が頭をよぎる企業関係者は多いことでしょう。

　社会保険労務士を生業とする筆者の「柱」となっている業務の1つに、**社会保険関係手続きの電子申請を検討している企業向けに行う電子申請支援サービス**があります。
　このサービスは、「電子申請に興味はあるが、何から始めたらよいのかわからない」「不明点を気軽に相談できる相手がいない」といった理由で手続きの電子化に着手できない企業に対し、電子申請の導入とその後一定期間のサポートを行うものです。

　じつのところ、電子申請は、専門家として数多くの社会保険関係の手続き対応をしている社会保険労務士や企業のベテラン担当者でさえわからないことが多く、チャレンジしてみたものの挫折してしまう方も少なくないのです。
　筆者は、社会保険労務士向けの業務ソフトの開発担当者として、電子申請にかかわっています。本書ではこの経験を活かし、**担当者がつまずきやすい「導入部分」にフォーカスして解説**しています。

　「できたほうがよいことは理解しているけど……」と感じておられる皆さんをサポートする一冊となることを願っております。**電子申請を始めるための最初のハードルを一緒に越えていきましょう！**

　2024年3月

社労士事務所 志　村井 志穂

総務担当者のための社会保険の電子申請ができるようになる本

# CONTENTS

はじめに

# 第1章

# 電子申請を始める前に

第2章

# 始めよう電子申請

第**3**章

# 始めようe-Gov電子申請

第 **4** 章

# 電子申請のエラーを攻略しよう

# 第5章 電子申請後の進捗を確認しよう

# 第6章 公文書の発行から交付・保存について

# 第7章 電子申請のこれから

おわりに

**デザイン**　志岐デザイン事務所（萩原 睦）

**イラスト**　フクイヒロシ

**本文DTP**　一企画

第 **1** 章

# 電子申請を
# 始める前に

社会保険関連の手続きを初めて担当する新入社員の方や
「電子申請って何?」という方が押さえておきたい、
本書の理解が進む「前提知識」について解説していきます。

# 社会保険の基礎知識

「社会保険」という言葉自体はよく聞く言葉ですよね。しかし、そもそも「社会保険」とは何を指しているのか？　そのように尋ねられたら、皆さんならどのように答えますか？

　本書は企業が行う社会保険手続きの電子申請についての書籍ですが、電子申請の話をする前に、まずは社会保険について一緒におさらいしていきましょう。

 **POINT**

- ☑ 社会保険とは、国民の「安心」や生活の「安定」を支えるセーフティネットとされる社会保障制度の1つ
- ☑ 企業が行う必要のある社会保険手続きは健康保険・厚生年金保険・雇用保険・労災保険など多種にわたり、手続数は100以上
- ☑ 社会保険の手続方法は持参・郵送・電子申請の3つ

## ⤢ 社会保険とは

　社会保険とは、国民の「安心」や生活の「安定」を支えるセーフティネットとされる社会保障制度の1つであり、病気やケガ・失業・出産・介護など人々が生活するうえで起こりうる事態に備えるために、国や地方自治体が運営する公的な保険制度のことをいいます。

　日本国憲法第25条1項に定められている「すべて国民は、健康で文化的な最低限度の生活を営む権利を有する。」という条文の中の「最低限度の生活」を保障するための制度といえるでしょう。

## ⤢ 社会保険は5つの種類に分けられる

　社会保険には、医療保険・介護保険・年金保険・雇用保険・労災保険の5つの種類があり、これらを総称して「**広義の社会保険**」と呼ばれています。

　そして、その中の医療保険・介護保険・年金保険の3種類を総称して「**狭義の社会保険**」、雇用保険と労災保険の2種類を総称して「**労働保険**」と呼ばれています。

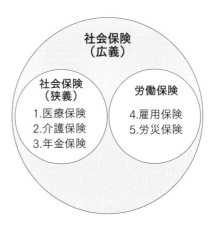

## 社会保険には5つの種類がある

| | |
|---|---|
| 1.<br>医療保険 | 病気やケガの際にかかった医療費について、一部または全部を負担してもらえる制度。日本では国民皆保険制度を採用しているため、国民全員がいずれかの公的医療保険制度に加入している。代表的なものとして、健康保険、国民健康保険、後期高齢者医療制度がある。 |
| 2.<br>介護保険 | 高齢化が進む日本で、介護に関する問題を社会全体で支えることを目的として2000年に創設された比較的新しい社会保険制度。介護保険の被保険者は、認定を受けることで必要に応じて介護サービスを受けることができる。 |
| 3.<br>年金保険 | 老後の生活保障（老齢年金）やケガや病気が原因で一定の障害が残った場合の生活保障（障害年金）、亡くなった方の遺族に対しての生活保障（遺族年金）として要件に該当した場合に年金支給が行われる制度。国民全員が加入している国民年金と会社員などが加入している厚生年金保険がある。 |
| 4.<br>雇用保険 | 労働者の生活と雇用の安定、就職の促進を目的とした制度。代表的なものとして、離職した際に支給される失業等給付や、高齢の人や家族の介護をする必要のある人が職業生活を円滑に継続できるよう援助促進する雇用継続給付や育児をする必要がある人に給付される育児休業給付などがある。 |
| 5.<br>労災保険 | 労働者が仕事（業務）や通勤が原因で病気やケガをした場合などに、保険給付が行われる制度。他の社会保険と異なり、労働者自身は保険料を収めることはなく（事業主が全額負担）、また、医療費の自己負担もゼロなことが特徴。 |

# 企業が行う社会保険手続き

　企業が行う必要のある社会保険手続きは健康保険・厚生年金保険・雇用保険・労災保険など多種にわたっており、**手続数は100以上あ**ります。手続きによって必要とされる書類が異なるため、添付書類は何かを確認し、書類を揃えるところから始めなくてはなりません。いざ申請書を作成し始めても、記載方法がわかりにくいものもあります。

　65歳以上の労働者への雇用保険適用拡大や、短時間労働者に対

する健康保険・厚生年金保険の適用拡大による被保険者の増加に伴い、**企業による社会保険関係手続数は増加傾向**です。

　今後も被保険者数増加を図る施策の施行予定があることを踏まえると、社会保険関係手続数の増加傾向はしばらく続くことが考えられます。行政手続きの簡素化が進んではいるものの、企業の負担は決して軽くはないといえるでしょう。

## ⚹社会保険の手続方法

　社会保険の手続きは年金事務所や公共職業安定所（ハローワーク）・労働局などの行政機関に対して行うことになり、**手続方法は3つ**あります。

従来、行政機関の窓口に申請書を持参して手続きを行うことが一般的でした。電子申請が可能になった今もなお、中小企業を中心に、持参もしくは郵送で手続きをしていることが多いのが現状です。

　わからないことが多いと、人は不安を感じやすいものです。

　そこで、電子申請を始める前に、「そもそも電子申請とはなんなのか？」「そのメリットとは？」「どれくらいの人が電子申請をしているのか？」といったことについて見ていくことにします。

　**そもそも電子申請の歴史はまだ浅く、読者の皆さんが今から始めても全然遅くないのです。**

# 電子申請の基礎知識

新しいことを始めるとき、「うまくいくだろうか?」「今のやり方を変えたくない。現状維持でも問題ないのでは?」といった不安や抵抗の気持ちを持つ人が多いものです。このような場合、「不明点を減らしていくこと」が改善策となります。そもそも電子申請の歴史はまだ浅く、知らない人が多いのが現状です。ここでは電子申請のメリットや利用状況などを見ていきましょう。

 **POINT**

☑ 電子申請とは、自宅や職場のパソコンを利用したインターネット上で行える手続方法のこと

☑ 電子申請のメリット
①いつでも申請可能　②どこからでも申請可能
③書類紛失の危険の回避　④記入漏れ等のミス回避
⑤コストの削減

☑ 社会保険関係手続きの電子申請利用率は2020年で30%程度
行政全体の電子申請利用率(66%)と比べると、まだまだ低い状態

# ⚡電子申請のなりたち

　電子申請とは、**紙に書いて行政窓口に持参もしくは郵送で提出している申請手続きを、パソコンを利用してインターネット上で行えるようにしたもの**のことをいいます。

　今ではよく耳にする「電子申請」という言葉ですが、その歴史は比較的浅く、日本では、2003年に国土交通省を中心とした建設業関係の許認可申請から始まりました。
　その後、国土交通省以外の各省庁や自治体でも電子申請が導入されるようになり、現在では多くの手続きを電子申請で行うことが可能となっています。

　行政手続きの電子申請の導入・運用が進んだ背景として、2017年6月9日に閣議決定された「規制改革実施計画」において、「事業者目線での規制改革、行政手続の簡素化およびIT化を一体的に推進することによる行政手続コストの削減」が改革の重点分野の1つとされたことが挙げられるでしょう。

　政府は、①**行政手続きの電子化の徹底**、②**同じ情報は一度だけの原則**、③**書式・様式の統一**の3つを**行政手続簡素化の3原則**としたうえで、各省庁で行政手続きのコスト削減に向けた取り組みを行うこととなり、今現在も進めているところとなります。

# ⚡電子申請のメリット

　持参や郵送で行っている手続きを電子申請に変えるメリットとデメリットはなんでしょうか？　それぞれ押さえておきましょう。

　まず持参や郵送での手続きと比べた場合の電子申請のメリットは大きく5つ挙げられます。

## 1. いつでも申請が可能

　窓口に持参する場合、窓口の受付時間内に申請書を持っていく必要があります。

　しかし、電子申請であればメンテナンス等で利用できない場合を除いて、**原則24時間365日いつでも手続きが可能**です。

　また、窓口で手続きを行う場合、どの程度の待ち時間になるかは行ってみないとわかりません。そのため、他の予定を入れたい場合にはある程度の余裕を持ってスケジュールを組む必要があります。

　電子申請であれば待ち時間がない分、スケジュールも組みやすくなります。

## 2. どこからでも申請可能

　インターネット環境さえあれば、自宅や職場など、**どこからでも手続きをすることが可能**です。担当者がリモートワークであったとしても、従来よりもできる業務が増えることになります。

## 3. 書類紛失や盗難の危険の回避

　持参や郵送の場合、どれだけ気を付けていても書類の紛失や盗難のリスクが伴います。

電子申請の場合、書類を持ち歩く必要がありません。そのため、**紛失や盗難、それに伴う情報漏洩のリスクを軽減することが可能で**す。

## 4. 記入漏れ等のミス防止

電子申請時、入力必須事項を入力していない場合や内容に不備がある場合、システムによる自動チェック機能により入力・修正を促されます。そのため、**記入漏れ等のミスを防ぐことが可能**です。

## 5. コストの削減

窓口に出向く必要がないため、窓口までの移動時間や窓口での待ち時間などの**人件費**、窓口まで移動するための**交通費**を削減できます。また、**書類印刷にかかる経費**や**郵送費用**などの**コスト削減が可能**です。

# ⚡ 電子申請のデメリット

　多くのメリットがある電子申請ですが、もちろんデメリットもあります。過去に電子申請を試して挫折し、従来からの方法で手続きしている方の多くは、このデメリットがその理由の１つになっているのかもしれません。

## 1. 電子申請特有のルールがある

　電子申請には、持参や郵送の場合にはない電子申請特有のルールがいくつかあります。

### ①電子申請データに使用できる文字に制限がある

　電子申請のデータ作成時、**機種依存文字と呼ばれる一部の文字については使用することができません。**

　例えば、名字で見かけることのある「髙木」や「山﨑」。これらに含まれる「髙」や「﨑」は機種依存文字に含まれるため、電子申請時には使用することができません。そのため、電子申請時には「高」や「崎」などの**別の文字に置き換えて申請を行うことになります。**

　使用できない文字を使用して電子申請を行った場合、電子申請データの送信後に「指定可能な文字以外が指定されています。」と表示されてエラーになり、電子申請の再申請が必要になります。

### ②電子申請データに使用できる文字数に制限がある

　電子申請では使用できる文字だけでなく、**使用できる文字数にも制限があり、その制限数は手続きによって異なります。**

例えば、被保険者の氏名フリガナ欄の場合、「雇用保険資格取得届の場合は20文字」だけど「健康保険・厚生年金保険被保険者資格取得届の場合は16文字」といった違いがあります。

各手続きの各項目の制限文字数を覚えることは現実的に不可能なため、入力してエラーになったら文字数を少なくして再度入力して申請をし直す作業が必要です。

**文字数が足りないことで提出先に伝えたい情報を伝えることができないときは、別途詳細を記載したメモをファイルデータとして添付し申請する必要が出てくるため、ひと手間かかることになります。**

### ③添付ファイル名に使用できる文字に制限がある

電子申請時、申請に必要となる添付書類はファイルデータで添付します。その際に**ファイル名に使用できる文字**について、①で紹介した**機種依存文字に加え、制限があります。**

主な文字として「－（全角マイナス）」や「─（全角ダッシュ）」やスペース（全角・半角）などが使用することができません。

使用できない文字を使用して電子申請を行った場合には、「ファイル名に指定できない文字が使用されています。」と表示されてエラーになり、電子申請の再申請が必要になります。

### ④提出可能な添付ファイル形式に制限がある

手続きによって**添付ファイルの形式が限定されている場合があります。**申請時には手続情報のページで利用可能な添付ファイル形式を確認し、利用可能なファイルを準備する必要があります。

社会保険関係手続きの多くは**PDF**や**JPG**が利用可能なファイル

形式となっているので、これらの形式でファイルを用意することが
望ましいです。

## 2. エラーになった場合のメッセージがわかりにくいことがある

　電子申請では申請前と申請直後にシステムによる自動チェックが
行われます。

　この機能自体は先述した記入漏れ等のミス防止というメリットが
ありますが、**不備があった場合の文言がわかりにくいため**、「どこ
を訂正したらいいのかわからない」「どのように直したらいいのか
わからない」という場合があります。

　電子申請を繰り返すうちに、ある程度であれば訂正箇所や訂正方
法がわかるようになりますが、窓口に持参したらその場で訂正箇所
と訂正方法を教えてもらい対応することができることを考えると、
電子申請に慣れるまでは少し大変かもしれません。

## 3. 窓口に持参するのに比べ、手続完了まで時間がかかる

　行政窓口に持参した場合には待ち時間こそあるものの、その日中
に手続きが完結することがほとんどです。

　しかし、電子申請した場合には当日中に手続きが完了するものは
少なく、最短でも翌日以降、入退社の多い春先や企業の手続きが集
中する繁忙期には**数日以上、手続完了まで待つようなこともありま
す**。

　健康保険被保険者証や離職票などが発行される手続きについては
行政側でも迅速に対応をしてくれてはいますが、それでも当日中に

手続きが完結することは非常に少なく、早くても翌日以降に手続完了となります。**早急に手続きを完了する必要がある場合など、窓口に持参するほうがよいケースもあります。**

## 4. システムのメンテナンスや不具合に影響される

電子申請を行うために利用している**システムのメンテナンスや不具合によって、自身が予期していなかったタイミングで電子申請ができなくなることがあります。**

「いつでも申請できる」ことがメリットですが、それはあくまでシステムが稼働していたらという大前提があってのメリットといえます。

## ⬈ 電子申請の利用率

　社会保険関係手続きを含んだ厚生労働省所轄の手続きの電子申請の利用率は、2012年度にはまだ6％にも達していませんでした。ほとんどの方が持参もしくは郵送で申請していたといっても過言ではありません。

　2020年度には電子申請利用率は30％を超え、飛躍的な上昇をしたといえますが、税務等の他所轄の手続きも含めた行政全体で考えた時、電子申請の利用率は2020年度で66％となっており、全体と比べた時の社会保険関係手続きの電子申請の利用率はとりわけ低い状態であるといえます。

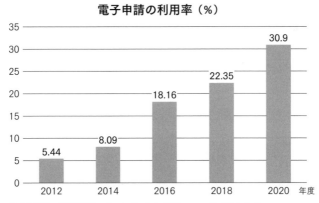

電子申請の利用率（％）

厚生労働省：「行政手続のオンライン化の状況について」を基に作成

　厚生労働省所轄の手続きの電子申請利用率は低い状態ではあるものの、健康保険・厚生年金保険関係手続きの中で主要とされる以下の届出に絞って電子申請利用率を見た場合には2022年度で64.6％となっており、「できる手続きから取り組む」という形で電子申請をスタートしている企業が多いことが考えられます。

- 被保険者資格取得届・被保険者資格喪失届
- 被保険者報酬月額算定基礎届
- 被保険者報酬月額変更届
- 被保険者賞与支払届
- 被扶養者（異動）届
- 国民年金第3号被保険者関係届

健康保険・厚生年金保険の主な手続きにおける電子申請の利用率（％）

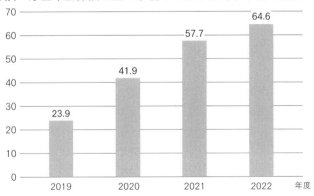

# ⤴ 社会保険の電子申請が増えてきた理由

　電子申請全体の利用率から考えたら、まだまだ少ない社会保険関係手続きの電子申請利用率ではありますが、数年前と比べると5倍以上となりました。

　それには大きく2つの要因が挙げられます。

## 1. 人事労務を管理する業務ソフトから電子申請することが可能に

　2015年度、総務省が運営する行政情報のポータルサイトe-Gov（イーガブ）のサイトから電子申請を行うのではなく、市販されている人事労務を管理する業務ソフトから電子申請することが可能となる仕組みができました。

　この仕組みができるまでは、e-Govサイトで電子申請をするつど、手入力ですべてのデータを入力する必要がありましたが、前述の仕組みができあがったことで、**業務ソフトに登録してある会社情報や個人情報のデータを利用して電子申請する**ことができるようになったのです。

　業務ソフトを販売している各システム会社が電子申請対応をしたことで、電子申請の利便性は向上し、その結果として利用率は急激に上昇、2018年度には20％を超える結果となりました。

## 2. 特定の法人の事業所に対しての電子申請義務化の開始

　2020年4月から、**特定の法人については一部の手続きについて電子申請することが原則義務化**されました。電子申請義務化により

"電子申請をしなくてはいけない状況" となった企業がでてきたことで、2020年度の電子申請利用は前年比＋８％と急上昇となりました。

### 特定の法人とは

| | | |
|---|---|---|
| 資本金、出資金または銀行等保有株式取得機構に納付する拠出金額が１億円を超える法人 | 相互会社<br>（保険業法） | 投資法人<br>（投資信託及び投資法人に関する法律） |

### 特定の法人で電子申請が義務化された手続き

| | |
|---|---|
| 健康保険・厚生年金保険 | 被保険者 賞与支払届<br>被保険者 報酬月額算定基礎届<br>被保険者 報酬月額変更届 |
| 雇用保険 | 被保険者 資格取得届<br>被保険者 資格喪失届<br>被保険者 転勤届<br>高年齢雇用継続給付支給申請<br>育児休業給付支給申請 |
| 労働保険 | 年度更新に関する申告書<br>（概算保険料申告書・確定保険料申告書・一般拠出金申告書）<br>増加概算保険料申告書<br>※継続事業（一括事業含む）の事業主に限る |

# ⚡社会保険手続きの電子申請方法

　社会保険手続きの電子申請をする方法は1つではなく、大きく分けて3つあります。

---

①政府が運営する **e-Govアプリケーション** で申請を行う

②政府が提供する **届書作成プログラム** を利用して電子申請を行う

③電子申請に対応した **市販の業務ソフト** を利用して電子申請を行う

---

　それぞれの説明は第2章「始めよう電子申請」で行いますので、今は「**電子申請のやり方は1つじゃないんだな**」程度に思っておいていただくだけで問題ありません。

## COLUMN

### 誰にでも「初めての電子申請」の思い出がある

「なんて融通が利かないんだ！！！！」。これが私が初めて電子申請した時の感想です。こうして解説書を書いている私にも、初めて電子申請をしたときの思い出やイラっとした思い出があります。

　私が初めて社会保険関係手続きの電子申請をしたのは、新卒で入った青果卸売会社（営業補佐）から社会保険労務士向けのシステム開発会社（ユーザーサポート）という異業種に転職し、自身の取得手続きをしたときでした。

　社会保険というものを理解しているわけでもなく、「シュトク手続き……？」と頭の中に大きなクエスチョンマークが浮かんでいる人間が、初めて社会保険手続きに触れた瞬間でもありました。

　社会保険の取得手続きで2回エラーを出し、無事に提出先にデータが届いたのは入力操作3回目。エラー内容は2回とも**郵便番号と住所の整合性がない**」で、1回目は郵便番号の入力誤り、2回目は住所に都道府県名が入っていないことが原因でした。

　「市は書いてあるんだから、どこかくらいわかるだろ！」と入社早々に憤慨していた当時の自分のことをよく覚えています。

　そんなレベルだった私でも、電子申請関連の開発に携わり、社会保険労務士として手続数をこなしていくと、電子申請で困ることは、ほぼなくなりました。

　なので、電子申請に不安な人もご安心ください。**最初は私のように「キーッ！」と憤慨するかもしれませんが、慣れていくうちに紙に書くより楽になること間違いなし**です。

第 **2** 章

# 始めよう
# 電子申請

いよいよ本書のメインテーマである社会保険の電子申請を
解説していきます。本格的に導入・運用するまでに
どのようなステップを踏むのか、確認していきましょう。

# 社会保険関係手続きの電子申請

社会保険や電子申請の基礎がわかったところでメインテーマである「社会保険関係手続きの電子申請」を見ていきましょう。「どんな手続きの電子申請ができるのか」「どこに申請を行うのか」など深掘りしていきます。電子申請の方法はいくつかありますから、それぞれの電子申請方法についても解説します。それぞれのメリットとデメリットをしっかり理解し、自社に適した電子申請方法を選択しましょう。

POINT

- ☑ すべての社会保険関係手続きが電子申請できるわけではない
- ☑ 紙での手続きと電子申請の手続きで添付書類に違いはない
- ☑ 電子申請の窓口は、「e-Gov」と「マイナポータル」の2つ
- ☑ 社会保険関係手続きの電子申請方法は大きく3つ

# ⚡電子申請ができる手続きには何があるか

　では、ここで問題です。社会保険手続きすべてが電子申請できるのでしょうか？　その答えは**NO**。被保険者の資格取得や喪失を含む多くの社会保険関係手続きは電子申請に対応していますが、**電子申請に対応していない手続きもいくつかあります。**

　代表例として、傷病手当金や出産手当金などの健康保険の給付関係、労働者死傷病報告などの労災保険の給付関係の手続きが挙げられます。

　そのため、社会保険関係手続きの完全電子申請化というのは現状では行うことができず、持参や郵送での手続きも並行して行っていくことになります。

**電子申請できない社会保険関係手続きの一例**

| | |
|---|---|
| 健康保険・<br>厚生年金保険 | 傷病手当金支給申請書<br>出産手当金支給申請書<br>被保険者証再交付申請書<br>高齢受給者証再交付申請書<br>資格取得時訂正届<br>被保険者区分変更届<br>任意特定事業書申出書/取消申出書 |
| 雇用保険 | 被保険者資格取得・喪失等訂正取消願 |
| 労災保険 | 療養（補償）給付たる療養の給付請求書<br>休業（補償）給付支給請求書<br>休業特別支給金支給申請書<br>労働者死傷病報告※ |

※2025年1月より電子申請義務化の予定

# ⚡添付書類は電子申請にすると変わるのか

　添付書類は、**届出方法を持参や郵送から電子申請に切り替えたとしても変わることはなく、まったく同じです**。数年前は電子申請する場合に限り添付書類が省略できる手続きもありましたが、手続きの簡素化推進に伴い、多くの手続きで添付書類が不要（一部要件を満たした場合に不要とされる場合も含む）とされています。

　電子申請では、添付書類はファイルデータとして添付することが可能であり、ファイルデータとして添付をすることが難しい場合には別途、**添付書類のみ郵送することも可能**です。

　電子申請時に添付できるデータ形式は手続きによって違うこと、PDF形式やJPG形式であれば多くの社会保険関係手続きで利用できることは第1章の「電子申請の基礎知識」でお伝えしました。

　手続きに添付する書類は画像よりも文字の情報が多いことを考えると、印刷時の印字が鮮明になされるPDF形式で添付書類を準備することをおすすめします。

　現在使用しているスキャナー付きプリンタ（複合機）でPDF形式にスキャンできるようであれば、その機能を使用して対応することができます。そのような機能がない場合には、用紙をスキャンしてPDFデータとして保存することができる周辺機器を購入して対応することになります。費用こそかかりますが、書類のPDF化は電子申請に限らずペーパーレスでの書類保存等にも活用できますから、前向きにご検討ください。

　個人的には、初期設定やスキャン操作が簡単な富士通が販売しているScanSnapシリーズがおすすめの商品です。

# ⚡2つの申請窓口「e-Gov」と「マイナポータル」

電子申請した場合であっても、最終的な申請先は、持参や郵送の場合と同様に、所轄の年金事務所や労働基準監督署などになります。

しかし、申請先に「電子申請データ」を届けるための窓口として、e-Gov（イーガブ）と**マイナポータル**という2つの窓口が用意されています。

## ① e-Gov（イーガブ）

デジタル庁が運営する行政情報のポータルサイトのことで、**電子政府の総合窓口**と位置づけされています。

運営開発当初は総務省行政管理局が運営を行っていましたが、2021年9月よりデジタル庁に移管されました。e-Govは、社会保険手続きはもちろん、そのほか様々な行政手続きをオンラインで申請・届出することができ、電子申請できる手続数は合計すると5,000を超えています。

**e-Govでは電子申請のほか、各省庁の行政サービスや施策に関する情報の確認をすることもできます。** 2020年にマイナポータルで社会保険手続きの電子申請ができるようになるまでは、社会保険手続きの電子申請ができる唯一の窓口だったこともあり、「**電子申請といえばe-Gov**」と考える人も少なくはありません。

年金事務所／公共職業安定所
労働基準監督署／労働局

## ②マイナポータル

　デジタル庁が運営する行政情報のポータルサイトのことで、**情報提供等記録開示システム**と位置づけられています。

　2016年にマイナンバー制度が開始されたことに伴い運用が始まったシステムで、税や社会保障に関する情報の確認や行政からのお知らせの確認、一部の行政手続きについてオンラインで申請・届出をすることができます。

　もともとは、マイナンバーを基軸に考えられた個人が行う行政手続きの利便性向上を目的としたシステムだったこともあり、電子申請できる手続きも保育所等の入所申込手続きや年金に関する手続きなど個人に紐づくもののみでしたが、2020年以降、企業が行う社会保険手続きの電子申請にも対応しています。

# ⬈e-Govとマイナポータル、どちらがよいか

　e-Govとマイナポータルは、どちらも「窓口的な役割」という共通点がありますが、それぞれに特徴があります。ここでは両者の違いを比較していきます。自社に合うほうを選択するとよいでしょう。

●労働保険徴収関係の電子申請はe-Govでしかできない

　企業が1年に1回必ず行う**労働保険料の申告（年度更新）**を含めた労働保険徴収関係の電子申請はマイナポータルでは対応しておらず、**「e-Govでのみ」**電子申請が可能です。

　労働保険徴収関係の手続きの頻度は少ないですが、企業が年に1度必ず行わなければならない**年度更新の電子申請ができる点がe-Govの最大のメリット**といえます。

●健康保険組合への電子申請はマイナポータルでしかできない

　健康保険組合に対しての電子申請はe-Govでは対応しておらず、**マイナポータルでのみ可能**です。

　ただし、健康保険組合自体が、まだ電子申請に対応していない場合もあります。健康保険組合に加入している企業が電子申請を行いたい場合は、**健康保険組合が電子申請に対応しているかどうか確認をする**必要があります。

　なお、健康保険組合の電子申請の対応状況および対応予定については、健康保険組合に直接、問い合わせをするほか、**厚生労働省のホームページからも確認が可能**です。

【アクセスの手順】
❶厚生労働省ホームページTOP
　　↓
❷申請・募集・情報公開
　　↓
❸電子申請(申請・届出等の手続案内)

### ●マイナポータルへの電子申請は市販の業務ソフト活用が、ほぼ必須

　マイナポータルへの電子申請は、市販の業務ソフトの活用が"ほぼ"必須となることも大きな特徴です（囲み記事参照）。

　e-Govの場合、政府が提供する無償のe-Govアプリケーションを利用して電子申請を行うことができます。

　しかし、マイナポータルでは、そのようなアプリケーションが用意されていないので、**マイナポータルへの電子申請に対応した業務ソフトを用意する必要があ**ります。

　業務ソフトを用意することになった場合、一定の従業員数の範囲内かつ一部の社会保険関係手続きに限り無償で利用できる業務ソフトもありますが、初期導入費用や運用費用が必要になることが多いため、「気軽に電子申請を始められる」とはいいにくいかもしれません。

> ### 業務ソフトの活用が「"ほぼ"必須」って、どういう意味？
>
> 　市販の業務ソフトの活用が「"ほぼ"必須」とありますが、正確には126ページで解説する日本年金機構が無償で提供する「届書作成プログラム」を使用すればマイナポータルへの電子申請を行うことができます。
>
> 　ただし、届書作成プログラムで申請できる社会保険手続きは非常に限られており、健康保険組合や厚生年金基金向けの申請データの作成はできても、届書作成プログラムから電子申請ができるのは「年金事務所」もしくは「公共職業安定所」のみとなっています。
>
> 　マイナポータルの最大の特徴である健康保険組合への電子申請が利用できないことを考えると、マイナポータルへの申請を行う際は、市販の業務ソフトを準備するケースが自ずと多くなるといえるでしょう。

# ⚡ 電子申請方法は3種類ある

　社会保険関係手続きの電子申請方法は、大きく分けて3つあり、「いずれかの方法を選ぶ」、または「複数の方法を併用する」ことになります。それぞれのメリットとデメリットなどを確認していきましょう。

## ①政府が運営するe-Govアプリケーションを利用（窓口：e-Gov）

　e-Govサイトより無料でダウンロードができる「**e-Govアプリケーション**」を利用して電子申請を行います。電子申請可能な手続きすべてに対応していることや無償で利用できること（電子証明書を利用して電子申請する場合の電子証明書発行費用は別途必要）を考えると、**一番気軽に始めることができる方法**といえます。

　ただし、会社情報や個人情報、給与情報をデータとして持つことができないため、**申請のつど、送信を求められるすべての情報を入力しなくてはなりません**。

　操作方法等でわからないことがあった場合、電話もしくは問い合わせフォームを利用して問い合わせができますが、電話は非常につながりにくく、問い合わせフォームを利用した場合も回答がくるまで数日以上かかることが常態です。**基本的に不明点はサイト内に用意されたヘルプページを参考に自力で解決することが増えます。**

## ②政府が提供する届書作成プログラムを利用（窓口：マイナポータル）

　日本年金機構ホームページから無料でインストールができる「**届書作成プログラム**」を利用して電子申請を行います。通常、電子申請では1回の手続きで1人の申請しか行えませんが、複数人まとめ

ての電子申請データの作成と申請が可能です。また、**会社情報や個人情報をデータとして持つことができるため、申請のつど、すべての情報を入力する必要はありません。**

操作方法等でわからないことがあった場合には、**日本年金機構ホームページ上にあるマニュアルや自動対応チャット、電話で問い合わせを行うことができます。**操作説明のマニュアルはとても細かく記載がされているので、マニュアルを手元に備えておけば、**操作に関することで悩むケースは少ない**かもしれません。

ただし、**電子申請できる手続きが限られている**ため、届書作成プログラムを中心に電子申請を行っている方は少ないです。

届書作成プログラムで作成した電子申請データは、e-Govアプリケーションや業務ソフトを利用して行うe-Govやマイナポータルへの電子申請で利用することができます。そのため、**電子申請データの作成のみ届書作成プログラムで行い、電子申請自体はe-Govアプリケーションで行うといった方法をとっている方が多いよう**です。

**届書作成プログラムで電子申請できる手続き**

| | |
|---|---|
| **健康保険・厚生年金保険** | 被保険者 資格取得届　70歳以上被用者該当届<br>健康保険 被扶養者（異動）届　国民年金 第3号被保険者関係届<br>被保険者 資格喪失届　70歳以上被用者不該当届<br>被保険者 報酬月額算定基礎届　70歳以上被用者算定基礎届<br>被保険者 報酬月額変更届　70歳以上被用者月額変更届<br>被保険者 賞与支払届　70歳以上被用者賞与支払届<br>産前産後休業取得者申出書／変更（終了）届<br>育児休業等取得者申出書（新規・延長）／終了届 |
| **雇用保険** | 被保険者資格取得届<br>被保険者資格喪失届<br>被保険者転勤届<br>個人番号登録・変更届 |

### ③電子申請に対応した市販の業務ソフトを利用して電子申請を行う
（窓口：e-Gov・マイナポータル）

　市販の業務ソフトを利用して電子申請を行います。「e-Govへの電子申請に対応しているソフト」「マイナポータルへの電子申請に対応しているソフト」「e-Govとマイナポータル、どちらの電子申請にも対応しているソフト」と、**様々な業務ソフトが市販されています。**

　**会社情報や個人情報・給与情報をデータとして持つことができるため、申請のつど、データをすべて入力する必要はありません。**

　操作方法等でわからないことがあった場合ですが、多くの場合、サポートサイトにマニュアルやQ＆Aページが用意されており、電話やメール等でサポートセンターへ問い合わせをすることができます。

　市販されているものなので当然、初期導入費用やその後の運用費用がかかります。また、電子申請可能な手続きすべてに対応しているとは限らないので、**自社で行いたい社会保険関係手続きの電子申請に対応しているソフトかどうか確認する必要があります。**

### ３つの電子申請方法を比較すると……

| 電子申請方法 | 費用 | マスターデータ | 対応手続数 | サポート体制 |
|---|---|---|---|---|
| ①e-Gov | 無料 | 無 | 多 | Q＆Aページ・電話・問い合わせフォーム<br>回答に時間がかかることが多いため、自己解決しなくてはならないことが多々ある |
| ②届書作成プログラム | 無料 | 有 | 少 | Q＆Aページ・電話・チャット（自動AI）<br>マニュアルに操作方法が細かく記載されているため、マニュアルを確認することで解決できることが多い |
| ③市販の業務ソフト | 有料・無料 | 有 | 各社異なる | Q＆Aページ・電話・メール・問い合わせフォーム　等<br>各システム会社で異なるが、サポート体制については3種類の電子申請方法のうち一番充実している |

# 電子申請に必要なもの

「申請方法がわかったから、よし！ さっそく電子申請をやってみよう」と思い立っても、すぐにできるわけではありません。まずは、電子申請を始めるための「準備」が必要になります。この章では、電子申請に必要なものには何があり、それらを、どのように揃えていけばよいかを解説していきます。

## POINT

☑ 電子申請に必要なものは
①パソコン ②インターネット環境 ③電子証明書またはGビズID（業務ソフトを利用して電子申請する場合は④業務ソフト）

☑ 電子証明書は、印鑑証明の電子版とされていて電子申請では基本的に必須

☑ GビズIDは3種類ある
電子申請では「GビズIDプライム」か「GビズIDメンバーのアカウント利用」がおすすめ

☑ GビズIDを利用して電子申請すると、電子証明書が不要な手続きがある

# 必要になるものは少ない

電子申請を始めるにあたって必ず必要となるものは最低3つあります。①パソコン、②インターネット環境、③電子証明書またはGビズIDです。業務ソフトを利用して電子申請を行う場合で、現在業務ソフトを自社で利用していない場合には、④業務ソフトも必要となるため、最低4つとなります。

①と②は業務で利用している方がほとんどですから、ここでは「電子証明書」と「GビズID」について詳しく説明していきます。

# 電子証明書とは

電子証明書は**本人であることを電子的に証明するもの**で、**印鑑証明書の電子版**と考えてもらうとイメージしやすいでしょう。

電子申請では、申請データが申請者本人（事業所）から申請されていること、申請データが改ざん等されていないことを証明する必要があります。証明には申請データに電子署名をする必要があるため「電子証明書」を利用します。

2020年以降、社会保険関係手続きの書面による届出様式から押印欄が削除されていますが、**電子申請では、一部の手続きを除き、基本的には電子署名が必要**となります。

---

**電子署名が不要な手続きとは？**

電子署名が不要な手続きは下記に限られます。
- 最低賃金法の規定に基づくすべての届出等
- 賃金の支払の確保等に関する法律施行規則第9条第2項に規定する認定の申請及び同規則第14条第2項に規定する確認の申請

これらの手続きは届出機会もとても限られているので、ほとんどの手続きで電子署名が必要と考えてよいでしょう。

---

# 電子証明書の取得方法

　電子証明書は、法務局が運営する「電子認証登記所」が発行する電子証明書のほか、国の認定を受けた民間企業が運営する「認定認証局」が発行する電子証明書など、いくつかの種類があります。発行には費用がかかり、発行する電子証明書により対応可能な手続きも異なります。そのため、社会保険関係手続きを電子申請で行うためには、**自社で選んだ電子申請方法に対応している電子証明書を取**

## e-Govで利用可能な電子証明書（2024年3月20日調べ）

| 番号 | 認証局<br>（電子証明書発行機関） | 証明書の発行対象者 | 「e-Gov電子申請サービス」で受け付けている手続き ||||| 
|---|---|---|---|---|---|---|---|
| | | | 厚生労働省に対して申請・届出を行うもの |||| その他の届出等 |
| | | | 社会保険関係手続き || 雇用保険関係手続き | 労働保険関係手続き | |
| | | | 「健康保険・厚生年金保険被保険者資格取得届」、「健康保険・厚生年金保険被保険者賞与支払届」など | 「年金加入記録照会・年金見込額試算」 | 「雇用保険被保険者資格取得届」、「雇用保険高年齢雇用継続給付の申請」など | 「労働保険概算・増加概算・確定保険料申告書」など | 「高年齢者雇用状況等報告」 |
| 1 | 商業登記に基づく電子認証制度<br>（電子認証登記所） | 法人 | ○ | × | ○ | ○ | ○ |
| 2 | AOSignサービス<br>（日本電子認証株式会社） | 法人、個人 | ○ | ○<br>（個人のみ） | | | |
| 3 | TOiNX電子入札対応電子証明書発行サービス（東北電力グループ　株式会社トインクス） | 法人 | ○ | × | | | |
| 4 | TDB電子認証局サービス TypeA<br>（株式会社帝国データバンク） | 法人、個人 | ○ | ○<br>（個人のみ） | | | |
| 5 | セコムパスポート for G-IDサービス（セコムトラストシステムズ株式会社） | 法人、個人、社会保険労務士等士業者 | ○<br>（個人・法人・社会保険労務士） | ○<br>（個人・社会保険労務士） | ○<br>（個人・法人・社会保険労務士） | ○<br>（個人・法人・社会保険労務士） | ○<br>（個人・法人・社会保険労務士） |
| 6 | DIACERTサービスに係る認証局 DIACERT-PLUSサービスに係る認証局（三菱電機インフォメーションネットワーク株式会社） | 法人、個人 | ○ | ○<br>（個人のみ） | ○ | ○ | ○ |
| 7 | 公的個人認証サービス<br>（地方公共団体情報システム機構） | 個人 | ○ | ○<br>（個人のみ） | ○ | ○ | ○ |
| 8 | e-Probatio PS2サービスに係る認証局（NTTビジネスソリューションズ株式会社） | 法人、個人 | ○ | ○<br>（個人のみ） | ○ | ○ | ○ |

（注）　1　電子証明書の取得を希望される方は、ご利用になる手続きの所管府省および電子証明書を発行する機関（認証局）に利用可能な証明書を確認されることをおすすめします。
　　　　2　電子証明書がICカードに格納されている場合には、ICカードリーダライタ（ICカード内のデータをパソコンに読み込むための装置）などが必要になる場合があります。

**得する必要があります。**

　商業・法人登記等手続きのオンライン申請が行える「登記・供託オンライン申請システム　登記ねっと 供託ねっと」や国税に関する手続きのオンライン申請が行える「e-Tax国税電子申告・納税システム」を利用している場合、すでに電子証明書を取得しているかと思います。**取得している電子証明書が社会保険関係の手続きの電子申請でも利用することができるかどうか確認を行いましょう。**

　例えば、これらのシステムで利用できる電子証明書とe-Govで利用できる電子証明書はほとんど同じです。しかし、**届書作成プログラムで使用できる電子証明書はマイナンバーカードのみ**となっているので、法務局や認定認証局が発行した電子証明書では利用できません。

　今から電子証明書を取得される方で、今後、社会保険関係手続き以外でも電子証明を利用する可能性があるのであれば、利用予定のオンラインシステムでも利用できる電子証明書を取得するのがよいでしょう。利用できる電子証明書は、各オンラインシステム上から確認が可能です。

| | | 照会先(URL) |
|---|---|---|
| （主なものを抜粋） | | |
| 「障害者雇用状況報告」 | 「健康保険組合の事業状況の報告」 | |
| ○ | | http://www.moj.go.jp/ONLINE/CERTIFICATION/index.html 法人認証サービス（日本電子認証株式会社） http://www.ninsho.co.jp/hojin/index.html |
| ○ | | http://www.ninsho.co.jp/aosign/ |
| ○ | 当該手続きについては、電子証明書は不要です。なお、当該届出を行う際には、予め当該行政機関から振り出されているID・パスワードが必要となります。 | https://www.toinx.net/ebs/info.html |
| ○ | | http://www.tdb.co.jp/typeA/ |
| ○ （個人・法人・社会保険労務士） | | http://www.secomtrust.net/service/ninsyo/forgid.html |
| ○ | | http://www.diacert.jp/ http://www.diacert.jp/plus/ |
| ○ | | http://www.jpki.go.jp/ |
| ○ | | https://www.e-probatio.com/ps2/about/index.html |

# ⤢ 電子証明書の種類

　電子証明書の形式は2種類あり、発行元によってどの形式で発行しているかが異なります。

| 形式 | 使用方法 |
|---|---|
| **ファイル形式** | 電子証明書をパソコンにインストールして利用 |
| **ICカード形式** | ICカードリーダーにICカードを差し込んで利用 |

　**ファイル形式**の場合は、一度インストールしてしまえば、その後は利用時にインストールされている電子証明書を選択するだけなので**利便性がよい**といえます。複数台のパソコンにインストールして使用することもでき、**複数人が同時に電子証明書を利用したい場合にも同時利用が可能**です。

　**ICカード形式**の場合、**カードリーダーを別途購入する**必要があり、**同時に複数人で利用することもできません**。また、業務ソフトを利用して電子申請を行う場合、**業務ソフトの多くはICカード形式の電子証明書に対応していません**。

　ICカード形式には「物理的な利用管理がしやすい」というメリットこそありますが、**ファイル形式の電子証明書を取得するほうが実務上の利便性は高い**といえます。

# ⤴電子証明書の有効（証明）期間

電子証明書は一度取得したら永久的に利用できるものではなく、有効（証明）期間が定められています。有効（証明）期間は発行元それぞれで定められており、有効（証明）期間に応じて手数料額が変わります。

有効（証明）期間が長いほど年当たりで割安にはなりますが、電子証明書は代表者が代わったときなど、**登記簿に登録されている内容に変更があった際には電子証明書が失効する場合があり、手数料の払い戻しもされません。**

そのため、「今後〇年間、絶対に変更されることはない」という場合を除き、**有効（証明）期間は1年～2年にしておくことをおす すめします。**

このとき注意したいのは有効（証明）期間の更新作業を忘れがちになることです。**有効（証明）期間が切れた電子証明書は利用できず、仮にオンラインシステム上で利用できても、申請が無効になることが考えられます。** 1年～2年という期間はあっという間ですから、有効（証明）期間の期限ぎりぎりではなく、到来前に余裕を持った更新作業を行うのがよいでしょう。

---

### 「電子証明書の発行手数料」はいくらくらいかかるか

発行元により異なりますが、参考までに法務局発行の電子証明書のいくつかの有効（証明）期間と手数料を記載します。

| 有効（証明）期間 | 6か月 | 12か月 | 18か月 | 24か月 |
|---|---|---|---|---|
| 手数料 | 2,300円 | 4,300円 | 6,300円 | 8,300円 |

上記は6か月単位の料金ですが、実際には3か月～27か月の範囲で3か月ごとの有効（証明）期間から選択することができます。

# ⚡GビズID（ジー・ビズ・アイディー）とは

　GビズIDとは、2020年4月から開始された**法人・個人事業主向けの共通認証システム**です。

　事業者の行政手続きは多岐にわたりますが、オンライン申請の際には、それぞれのオンラインシステムでIDやパスワードを個別に設定し、管理する必要があります。

　しかし、**GビズIDを取得している場合は、このIDとパスワードを複数の行政サービスに共通で利用することができる**ため、IDやパスワードの管理の煩雑さを解消することができます。

# ⚡GビズIDの種類と有効期間

　GビズIDには3種類のアカウントがあり、それぞれIDの発行方法や審査などに違いがあります。

　**どのアカウントであっても、有効期限はなく、更新手続きは不要**となっており、**ID発行に費用もかかりません。**

| アカウント | ID発行方法 | 審査 | 利用者 |
|---|---|---|---|
| ①GビズID プライム | 審査後に発行 （約1週間〜2週間） | 印鑑証明書（法人）／ 印鑑登録証明書（個人 事業主）を郵送 | 法人代表 個人事業主 |
| ②GビズID メンバー | GビズIDプライム利用者が マイページにて作成 | | GビズIDプライム 利用者組織の従業員 |
| ③GビズID エントリー | 即日発行 | なし | 事業をしているもの |

# ⟋GビズIDアカウントの作成方法

## ①GビズIDプライム

　ID発行には**印鑑証明書等による審査**を受ける必要があります。GビズIDのホームページ上からID（メールアドレス）を登録し、必要事項を入力後に申請書を作成、印鑑証明書等とともにGビズID運用センターに郵送で送付します。登録内容に不備がなければ審査完了のメールが届き、メールに記載されたURLからパスワードを登録し、登録完了です。審査に1週間程度はかかるので、**スケジュールに余裕を持って対応しましょう。**

## ②GビズIDメンバー

　**①GビズIDプライムのアカウントを持つ法人や事業者の従業員用のアカウント**です。GビズIDプライムのマイページからGビズIDメンバーアカウントの作成をすることができます。

## ③GビズIDエントリー

　**事業を行う人であれば誰でも登録可能**なアカウントです。①GビズIDプライムのような印鑑証明書等による審査を受ける必要がなく、GビズIDホームページ上でID（メールアドレス）を登録し、必要事項を入力すれば**即日で**ID発行がされます。

　なお、**取得するアカウントにより利用できるサービスが異なる点**に注意が必要です。③GビズIDエントリーは、①GビズIDプライムや②GビズIDメンバーに比べて**利用できる行政サービスが限られています。**必要最低限の利用に留められたアカウントといえます。

## ↗どのＧビズIDアカウントがおすすめか

　e-Govでは、３種類あるＧビズIDアカウントのいずれを利用しても電子申請を行うことができます。

　しかし、③ＧビズIDエントリーの場合、e-Govの一部機能が利用できず、ＧビズIDで電子申請する際の「最大の特徴」の対象にもなりません（この「最大の特徴」については次項で解説します）。

　また、「届書作成プログラム」と「マイナポータル」では、①ＧビズIDプライムまたは②ＧビズIDメンバーのアカウントのみ電子申請を行うことができます。③ＧビズIDエントリーを利用した場合、届書作成プログラムでデータの作成までを行うことは可能ですが、届書作成プログラムから電子申請を行うことはできません。

　ＧビズIDを利用して社会保険関係手続きの電子申請を検討している場合、ＧビズIDプライムまたはＧビズIDメンバーのアカウントを取得することをおすすめします。

## ↗ＧビズIDで手続きを行う場合

　ＧビズIDを利用して社会保険関係手続きの電子申請をする場合の最大の特徴──、それは「ＧビズIDプライムまたはＧビズIDメンバーを利用した場合、電子署名が不要となる手続きがある」ということです。

　41ページの電子証明書の説明をした際、「電子申請では、申請データが申請者本人（事業所）から申請されていること、申請データ

が改ざん等されていないことを証明する必要があります」と述べました。

　Ｇビズ ID プライムは、ID 発行時に印鑑証明書等の審査を行っているため、Ｇビズ ID プライム自体が本人証明の役割を果たし、「そのアカウントから作成されたＧビズ ID メンバーについても同様である」と認識されるのです。

　とはいえ、すべての手続きで電子署名が不要とされているわけではありません。e-Gov の場合、Ｇビズ ID を利用した際に電子署名が不要となる手続きについては e-Gov サイトで手続検索した結果の手続概要欄の上に「**Ｇビズ ID 電子署名省略可**」と記載されています（**図1**）。この記載がない手続きは、Ｇビズ ID を利用していたとしても電子署名が必要となる点にご注意ください。

　「Ｇビズ ID を利用した場合に電子署名が不要となる手続き」および「Ｇビズ ID を利用した場合であっても電子署名が必要となる手続き」のうち、主だった手続きについて参考までに記載します。

図1

### ＧビズIDを利用した場合に電子署名が不要となる主な手続き

- 健康保険・厚生年金保険 被保険者資格取得届／資格喪失届
- 健康保険・厚生年金保険 被保険者賞与支払届　70歳以上被用者賞与支払届
- 健康保険・厚生年金保険 被保険者報酬月額算定基礎届　70歳以上被用者算定基礎届
- 健康保険・厚生年金保険 被保険者報酬月額変更届　70歳以上被用者月額変更届
- 健康保険・厚生年金保険 産前産後休業取得者申出書
- 健康保険・厚生年金保険 産前産後休業終了時 報酬月額変更・厚生年金保険 70歳以上 被用者 産前産後休業終了時 報酬月額相当変更届
- 健康保険・厚生年金保険 育児休業等取得者申出書
- 健康保険・厚生年金保険 育児休業等終了時 報酬月額変更・厚生年金保険 70歳以上 被用者 育児休業等終了時 報酬月額相当額変更届
- 健康保険・厚生年金保険 適用事業所全喪届
- 雇用保険 被保険者資格取得届／資格喪失届
- 雇用保険 育児休業給付（育児休業給付金）の申請
- 雇用保険 介護休業給付（介護休業給付金）の申請
- 雇用保険 高年齢雇用継続給付（高年齢雇用継続基本給付金）の申請
- 雇用保険 被保険者 六十歳到達時等賃金証明書の提出及び高年齢雇用継続 給付受給資格確認
- 雇用保険 適用事業所廃止届
- 労働保険 概算・増加概算・確定保険料 一般拠出金申告書（年度更新）

### ＧビズIDを利用しても電子署名が必要となる主な手続き

- 雇用保険 適用事業所設置届
- 雇用保険 事業主事業所 各種変更届
- 基礎年金番号通知書 再交付申請書
- 健康保険・厚生年金保険 新規適用届
- 健康保険・厚生年金保険 適用事業所 所在地名称変更（訂正）届
- 労働保険 関係成立届
- 労働保険 名称、所在地等変更届
- 労働保険 労働保険料・一般拠出金 還付請求書

　イメージとしては、手続頻度が比較的多い「被保険者関係の手続き」についてはＧビズIDを利用していれば電子署名が不要なものが多く、事業所関係の新規設立や変更手続きについてはＧビズIDを利用していても「電子署名が必須」と覚えておくとよいでしょう。

### ＧビズIDが必須の手続きはあるの？

「ＧビズIDを利用していても電子署名が必要な手続きがあるように、電子証明書を利用していてもＧビズIDが必要な手続きってありますか？」と尋ねられたことがあります。現時点では、そのような手続きはありません。どの手続きであっても、電子証明書さえあればＧビズIDがなくとも電子申請は可能です。

# ⚹電子証明書は取得すべきか

　GビズIDを利用していても、電子署名が必須な手続きがある以上、電子証明書の取得はしておくべきと筆者は考えます。

　しかし、45ページで述べたように、電子証明書の取得には費用がかかります。

　「以前、電子申請を試したが、持参や郵送で手続きするほうが効率的だった」などの理由から従来の方法に戻した場合、「電子証明書のコストがもったいない」と感じるのかもしれません。

　そのような場合は、**まずは費用をかけずに取得することができる「GビズIDアカウント」の取得を行い、GビズIDでできる手続きだけ電子申請を行うのも1つの方法**です。

　その後、本格的に電子申請をメインに行っていくことになったとき、電子証明書を取得するようにするとよいでしょう。

　なお、e-Taxを利用した国税に関する手続き等の電子申請も検討している場合は、**e-Taxでは電子署名が必須**となるため、悩む余地はありません。**その他の行政手続きの電子申請でも、電子署名が不可欠なものが多いです。**

　電子証明書の活用場所は、社会保険関係手続きの電子申請以外にもあります。「いつでも電子申請ができる状況をつくっておく」ことは、業務効率化の観点において大切な取り組みです。

　そのように考えると、電子証明書の取得は、決して「ムダなコスト」にはならないでしょう。

## 業務で使うパソコンは、どの程度のスペックがよいか

　最近では様々なスペックや容量のものが販売されているため、一概に「パソコン」といっても、どれを選べばいいかわからない方もいるのではないでしょうか？

　筆者自身、開発業務をするようになって多少の知識を持つまでは、見た目の好みと価格帯のみで選んでいました。

　皆さんが業務で使うパソコンを選ぶ場合、過去の私のような選び方はされないかもしれませんが、**WEBサイトの利用やExcel・Word**などの最低限の利用のためという理由でパソコンの**CPU**やメモリのスペックを最低限にした比較的安価なパソコンを選択しているケースもあるのではないでしょうか？

　「電子申請をする」といった理由に限らず、**業務で利用するパソコンは、Intel製のCPUであれば最低でもCore i5**（中位モデル）、**できればCore i7**（上位モデル）**を利用する**ことをおすすめします。

　そのほかにもCPUの種類はいくつかありますが、**どのCPUであっても中位モデル以上のものを選ぶ**ようにしましょう。

　メモリについては、**8GB以上のものを選択**しておけば比較的快適にパソコンを使うことができます。

　OSについては、古いOSはサポート終了が決まっていることもあるため、**最新OSもしくは準最新OSを利用する**のが望ましいです。

　また、CPUやメモリ・OSのスペックがよくとも、パソコン本体が旧型になると、その性能を活かしきれず、逆に動作不良が起きることも考えられます。

　ある程度のスペックを意識した新型パソコンとなると安価な買い物ではありませんが、パソコンの動作不良が起きた場合、解決まで時間がかかることや解決策が見つからないことも間々あります。業務に支障が出ないよう、また、業務が快適に行えるようなパソコンを選択することが業務の改善にも役立ちます。

　電子申請に限っていえば、e-GovではCPUやメモリについては特段の決まりはなく、WindowsOSについてはWindows7以上を、macOSについてはmacOS 10.15以上を利用環境として動作確認しています。

　しかし、Windows7やWindows8のように**Microsoft社のサポート終了が決まっているものについては、サポート終了に伴い動作確認対象外となることが考えられます。**そのため、Windows11もしくはWindows10を搭載したパソコンを利用することが望ましいといえます。

　業務ソフトを利用して電子申請する場合には、使用する業務ソフトによって動作保証対象が異なるので、業務ソフトを利用するパソコンがその業務ソフトの動作保証対象かどうかの確認を事前に行っておきましょう。

# 電子申請導入までの
# スケジュール

電子申請の方法や事前準備として必要なものがわかっても、導入するまでのステップを、どのようなスケジュールで進めていけばよいかわからず、足踏みしてしまうケースもよく見かけます。ここでは筆者が担当者に電子申請サポートをしているときに案内している「基本のスケジュール」を紹介します。こちらを参考に、自社の電子申請導入までのスケジュールを考えてみましょう。

## POINT

☑ 電子申請の導入検討から本格運用までのモデルケースは3か月程度

☑ 繁忙期の導入は避け、自社が比較的落ち着いている3か月間で、導入検討から本格運用まで進めよう

# ↗導入検討から運用までのスケジュール

電子申請を検討し始めた企業関係者の方々に対し、筆者は「**本格運用までの準備期間として、だいたい3か月くらいはかかると思ってください**」とお伝えしています。ここでは下図に示した「電子申請導入までの5つのステップ」に沿って解説していきます。

**電子申請導入までの5つのステップ**

①業務棚卸 ▶ ②社内通知 ▶ ③導入準備 ▶ ④テスト運用 ▶ ⑤本格運用

## ①業務棚卸

ぜひとも真っ先に行っていただきたいのが「業務棚卸」です。**ステップの中で最も時間がかかる作業**でもあります。まず、以下の点を中心に業務の棚卸を行い、電子申請を導入すべきか検討しましょう。

- 社会保険関係手続きを毎月（年間）どの程度行っているか
- 手続きにかかっている人件費や郵送費などのコストがどの程度あるか
- 担当者は今現在、業務過多になっていないか　など

「社会保険関係手続きの持参や郵送を負担とは感じていない」「（24ページで説明した）特定の法人の事業所ではない」といった場合は、今すぐ急いで電子申請に移行をする必要はないのかもしれません。

一方で、行政手続きのデジタル化は進んでいるため、今後は全法人が対象になる可能性もあります。**GビズIDの取得もしくは電子**

証明書の取得だけ行っておき、いつでも電子申請を始めることができる環境を整備しておくことが望ましいでしょう。

　特に複数業務を兼務している担当者であれば、電子申請の導入をおすすめします。現状の手続きに負担を感じていないとしても、業務の効率化が促進されることは間違いありません。電子申請の導入検討をきっかけに、**様々な業務の見直しについても意識していくことが最初のステップである業務棚卸の最大のポイント**です。

## ②社内通知

　従業員には、「今後、当社は電子申請で手続きします」と伝えるだけではなく、移行する理由や、電子申請のメリット・デメリット、今後のスケジュールなども丁寧に説明するよう心がけましょう。「電子申請で手続きします」と伝えるだけでは、実際に業務を行う担当者の方は不安になることが考えられます。

## ③導入準備

　本章のほか第3章以降でも解説するため、ここでは割愛します。

## ④テスト運用

　いくつかの手続きにしぼって電子申請を試す期間となります。

　筆者のこれまでの経験からいうと、「**紙で行っていた手続きすべてを一斉に電子申請で行うことに抵抗感がある**」と話す担当者が少なからずいました。また、エラーが出やすい手続きを最初に着手したことで、「**電子申請は難しい……**」という印象を持ち、苦手意識が芽生えてしまう担当者もいました。

　そこで、**比較的とりかかりやすい手続きから電子申請を行ってい**

き、電子申請に慣れていくテスト運用の期間を設けましょう。

　日々の手続数が多ければ1か月程度、日々の手続数が少なければ2か月程度のテスト運用期間を設けます。手続きの「数」をこなすことが本格運用時の不安解消につながり、手続きそのもののスピードアップにもなります。

　電子申請の操作に不安がある手続きは、後述する**電子申請トライアル機能**（90ページ）を活用し、電子申請の体験をするのも一案です。

　テスト運用期間の途中や終了時には、**電子申請を行った従業員からフィードバックをもらう機会を設けましょう。**

　「実際に電子申請を行ってみて業務はどのようになったか」「電子は紙より難しいと感じたのであれば、どのような点がそう感じたのか」など、積極的に「生の声」を収集し、必要に応じてテスト運用期間の延長も検討します。

　もし、電子申請が業務の負担を増やすことになるのであれば、本格的な導入のタイミングを見直すなど、柔軟な対応をしていくことが大切です。

---

### どの手続きの電子申請から始めてみるのがよいか

　この答えとして、筆者は「健康保険・厚生年金保険被保険者資格取得届」や「雇用保険被保険者資格取得届」から始めていただくことをおすすめします。入力するデータ量が多くはなく、手続きを行う頻度も高くなりやすいため、これらの手続きに慣れておくことが本格導入の後押しとなります。

　同様の理由で、「健康保険・厚生年金保険被保険者資格喪失届」もおすすめします。雇用保険の資格喪失手続きは、喪失届だけであればよいのですが、離職票の交付がある場合は入力すべきデータが多くなるため、テスト運用には向きません。そのほか、被保険者賞与支払届や被保険者報酬月額変更届などの手続きがある場合には、これらの電子申請にも少し慣れておくことも大切です。

### ⑤本格運用

テスト運用期間が終われば、「**テストをした手続きについては原則、電子申請で行っていく**」という本格運用のステップです。

電子申請で行う手続きが増えるにつれ、手続きの進捗や公文書の管理など、従来とは異なる運用方法を大変だと思うことがあるかもしれません。作業に慣れるまでは担当部署内で声をかけ合ったり、不明点を共有し合うなど、**通常以上にコミュニケーションを意識し**ていきましょう。

ここまでの①〜⑤までのステップを３か月程度で行うのが、筆者が描く「基本のイメージ」です。

しかし、これは「必ず３か月かかる（その期間で終えなければならない）」というものではありません。①の業務棚卸や④テスト運用のステップを見送ったり、③の導入準備がすでに整っていれば、この期間を短縮することも、即時に電子申請を始めることもできます。

「３か月」というのは、「**すべてのステップを踏んでいった場合、たいていの企業では３か月程度あれば電子申請の本格運用までいけるであろう**」という目安です。自社が置かれている環境などを踏まえて、不要なステップがあれば、適宜省いてもらうことに問題はありません。

また、必ずしも連続した３か月である必要もありません。しかし、④テスト運用から⑤本格運用までの期間が空いてしまうと頓挫してしまうことも考えられるので、**④テスト運用から⑤本格運用までは中断せず連続して行うこと**をおすすめします。

# ⬀電子申請の導入に適した時期はあるか

電子申請の導入はいつでも可能ですが、入退社の多い「3月、4月」や、労働保険料の申告や算定基礎届の提出がある「6月、7月」、年末調整の準備にかかる「年末」は、比較的どの企業でも立て込んでいることが多いのではないでしょうか。

忙しい時期に新しいことを始めるのは業務負担が大きいため、あまりおすすめしません。そのため、**7月の算定基礎届の提出が終了したあたりの時期から10月くらいにかけてを電子申請への移行期間とする**のも一案です。

とはいえ、各企業によって繁忙期は異なります。
例えば、「4月入社の春採用の取りこぼし防止として9月の秋採用も積極的に行う企業」や、「下期が始まる10月を意識した中途採用に本腰を入れる企業」も増えているため、「9月、10月のほうが忙しい」というケースもあります。

**「業務の閑散期を含めた3か月くらいを電子申請の準備・移行期間」**と考え、適宜進めていきましょう。

# 業務ソフトで始める
# 電子申請

相応のコストがかかりますが、電子申請をするにあたり、最も業務の効率化を図ることができるのは「業務ソフトを利用した電子申請」になります。本書は「e-Gov」を利用した申請方法の解説を主としていますが、ここでは「業務ソフトを利用してe-Govやマイナポータルに電子申請をすることを検討している人」に向けて、その基礎知識とソフトの選び方などを紹介します。

P O I N T

☑ 電子申請するためのAPIに対応している業務ソフトが必要
☑ 社会保険関係手続きの電子申請APIは3つ
　①電子申請API　②外部連携API　③マイナポータルAPI
　今から電子申請を始めるなら、①電子申請APIか、③マイナ
　ポータルAPIに対応した業務ソフトを選択

# ↗ 電子申請するためのAPIに対応したソフトの利用を

　近年、人事労務関係の業務ソフトは、無償のものから有償のものまで、数多く販売されています。しかし、すべての人事労務関係の業務ソフトで電子申請ができるわけではありません。業務ソフトを利用して**電子申請するには、電子申請するためのAPIに対応している業務ソフトを利用する**必要があります。

　APIとは、「アプリケーション・プログラミング・インタフェース（Application Programming Interface）」の略で、異なるシステムやプログラム間で、データの呼び出しや送受信のやり取りを行うための手順やデータ形式などを定めた仕組みのことを指します。**社会保険関係手続きの電子申請に関するAPIは3種類**あります。

| ①電子申請API | 市販されている業務ソフトを利用して e-Gov に電子申請可能 |
|---|---|
| ②外部連携API | 市販されている業務ソフトを利用して e-Gov に電子申請可能 ※2024年1月31日（水）18時をもってシステム会社向けのサポート終了 |
| ③マイナポータルAPI | 市販されている業務ソフトを利用して**マイナポータル**に電子申請可能 |

　①電子申請APIと②外部連携APIは、どちらも「e-Gov」に対して電子申請を行うもので、②外部連携APIは、じつは①電子申請APIの前身となるAPIなのですが、2024年1月末にサポートが終了しました。そのため、**これから業務ソフトを利用して電子申請を始める場合は、①電子申請APIもしくは③マイナポータルAPIに対応した業務ソフト、もしくは、どちらにも対応した業務ソフトを利用する**ことになります。

## ⬈ 各種APIに対応した業務ソフトの確認方法

　自社で導入している（あるいは、導入を検討中の）業務ソフトが、先述した3つのAPI（①電子申請API、②外部連携API、③マイナポータルAPI）の中のどのAPIに対応しているかについては、各システム会社の窓口への問い合わせ、または、e-Govホームページ（**図2**）や社会保険システム連絡協議会のホームページのソフト一覧（**図3**）より確認することができます。

**図2**

**図3**

# ⤴業務ソフトの利用を検討する際のポイント

　「今は業務ソフトを利用していないが、あったほうがいいのか」と悩まれている方もいるかもしれません。結論からいうと、「業務ソフトで得られるメリットは大きいので、導入するに越したことはない。しかし、**費用対効果が薄いケースもあるので、即座に導入する必要はない**」と筆者は考えています。

　筆者自身、業務ソフトの便利さを理解しながらも、開業後しばらくは導入せず、使用料が原則として発生しない「e-Govアプリケーション」を利用していました。

　ここから「業務ソフトの利用を検討する際のポイント」を紹介します。これらの着眼点を参考にしながら検討してみてください。

> **業務ソフトの利用を検討するときのポイント**
> ● 手続件数が月もしくは年間にして何件程度あるか
> ● 電子申請以外でも業務ソフトを活用できるか
> ● 業務ソフトを導入することの費用対効果があるか

## ●手続件数が月もしくは年間にして何件程度あるか

　現在、自社で月間もしくは年間にしてどれくらいの数の手続きを行っているか確認しましょう。55ページのステップ①の業務棚卸と同じようなことです。**手続件数が少ないようであれば、申請データ入力の頻度も少ないため、業務ソフトを導入せずともe-Govアプリケーションを利用しての電子申請で十分**といえます。

　しかし、「アルバイトやパートタイマーを含む入退社が頻繁にある」「毎月の手続件数は少ないが、時間外労働協定（36協定）や年度更新、算定基礎届など、年に1回の手続きがある時期の業務負担が大きい」

といった場合には、毎月の手続件数が少なかったとしても、業務ソフトの導入を検討したほうが業務効率や生産性が高まります。

### ●電子申請以外でも業務ソフトを活用できるか

　業務ソフトには、持参もしくは郵送で申請を行う「電子申請に対応していない手続き」の業務負担を減らすことができる商品もあります（例：申請書作成が迅速にでき、PDF出力にも対応している）。

　また、どの業務ソフトも、電子申請データの"送信"部分については大きな違いはありませんが、"送信"以外の機能は異なっています。機能の充実度や使い勝手の優劣が比較検討時の大切なポイントです。以下の3点を中心に比較検討するとよいでしょう。

　①電子申請後の進捗や公文書の管理方法はどうなっているか

　②出力帳票の種類数がどれくらいあるか

　③「従業員への各種お知らせ」などの書類作成等、人事労務業務
　　のサポート機能がどの程度あるか

### ●業務ソフトを導入することの費用対効果があるか

　費用面では、初期費用やランニングコストに目が行きがちですが、**業務ソフトを使えるようになるまでの時間も人件費としてかかります**。「PCの操作そのものに不慣れな従業員しかいない」という場合、時間をかけても使いこなせない可能性もあります。

　そのような場合、業務ソフトを導入することで得られると考えていた費用対効果が得られず、「人件費を考えたら、むしろマイナスだ」ということにもなりかねません。

　業務ソフトの利用料だけではなく、人件費なども含めて、将来的に費用対効果が見込めるかどうかをしっかり検討していきましょう。

# ↗業務ソフトはどうやって選ぶべきか

　検討の結果、業務ソフトを導入することが決まったら、次に行うのは業務ソフト選びです。「**導入してみたものの自社との相性が悪く、別のソフトへ移行したいが、費用と労力がかかるので足踏みしている**」といったケースもあるため、導入前の精査が大切です。

　とはいえ、ソフト選びの判断は、容易なことではありません。

　先述した「電子申請するためのAPIに対応した業務ソフト」であることは大前提ですが、そのほかにも業務ソフト選びのポイントがいくつかあります。ここでは、業務ソフト選びで後悔しないポイントを解説します。

> **業務ソフトを選ぶときのポイント**
> - 「クラウド」か「オンプレミス」か
> - 業務ソフトを「1つ」導入するか「複数」導入するか
> - すでに導入している「システム」との相性
> - 自社の「セキュリティ規範」との相性
> - 「コスト」の比較検討

## ●「クラウド」か「オンプレミス」か

　「クラウド」という言葉自体は皆さん聞きなじみがあると思います。業務ソフトにおいても「クラウド」型ソフトや「オンプレミス」型ソフトがあり、どちらを利用するかを決めなくてはなりません（次ページ表参照）。

　クラウドサービスの利用割合は年々増加しており、政府においても**クラウド・バイ・デフォルト原則**（政府情報システムはクラウドサービスの利用を第一候補にするという方針）を打ち出しています。

| クラウド型とは | オンプレミス型とは |
|---|---|
| インターネットを通じて、コンピュータやデータを利用し、情報を保管するサービスです。<br><br>提供されるサービスはもちろん、個人情報を含むデータについても**クラウド上で保管される**ため、利用しているパソコンが破損した場合や、自社が天災にあった場合でも**データの消失が防げます**。<br><br>また、使った分だけ費用が発生する**従量課金制**のサービスが多く、業務ソフトの利用にかかる**費用を必要に応じて抑えることも可能**です。<br><br>イメージとしては、インターネット上の「**大きなシェアハウスの一室を利用している**」と思っていただくとよいかもしれません。それゆえに、シェアハウスで利用しているセキュリティを自社に適したものに変更する、といったことはできません。 | 自身でコンピュータやデータを利用し、情報を保管するサービスです。オンプレミス型業務ソフトにおいては、**情報はそのパソコンに保管され**、パソコンが破損して利用できなくなった場合などには**データも別途バックアップなどがない限り消失**します。<br><br>従量課金制のサービスよりは定額サービスが多く、業務ソフトにかかる**ランニングコストの見通しがたてやすい**といえます。<br><br>イメージとしては、「**戸建ての家を買った**」と思っていただくといいかもしれません。自分の家ですから、セキュリティも自社の望む形に変更することができます。 |

また、自然災害に見舞われることの多い日本では、データ消失の危険とは隣り合わせといえます。風潮としては、業務ソフト含め、何かしらのサービスを選ぶときには**クラウドが優勢**といえるでしょう。

しかし、クラウドサービスがオンプレミスサービスに比べて優れている点ばかりかというと、そうではありません。両者のメリット・デメリットを理解したうえで、どちらを選択するか決めましょう。

## ●業務ソフトを「1つ」導入するか「複数」導入するか

近年、業務ソフトが提供するサービスは各社で差別化が図られています。そのため、「Aを導入予定だが、○○機能があるBも使う」「基本はクラウド型で運用し、有事に備えてオンプレミス型も併用

する」といった複数利用をする企業も増えています。

　複数のソフトを導入する場合、**1つのソフトで行う場合に比べて情報管理が煩雑になるため、そうした管理ができるか否かも検討し**ます。また、**ソフト間の連携ができるか否かも確認が必要です**（後述）。当然ながら、複数分のランニングコストがかかるため、**自社がどこまでコストをかけられるのか**もポイントになります。

## ●すでに導入しているシステムとの「相性」

　すでに利用している給与計算ソフトなどがある場合、そのソフトと連携できるかどうかも重要です。個人情報や給与データを取り込むことができれば、その分、**新たに導入するソフトで入力する必要がなく、入力ミスを防ぐことができます。**

　システム連携ができない場合、導入後にどちらかのシステムのみ更新されると、「最新情報に更新されたシステムや正しい情報がどちらかわからない」といったことも起こり得ます。**連携ができない場合は、どう運用していくかを社内で決定しておく**ようにしましょう。

## ●自社の「セキュリティ規範」との相性

　人事労務に関する業務ソフトでは、マイナンバーを含む従業員の個人情報を保存することから、情報流出が起きないようなセキュリティ管理体制が必要となります。**プライバシーマークやISO27001を取得している会社か**などを中心に確認を行いましょう。

　**自社にセキュリティポリシーがある場合は、システム会社がその内容に適合しているかも確認**します。オンプレミス型ソフトの場合、

自社のパソコンにインストールを行うため自社でセキュリティ管理も行うことができますが、クラウド型ソフトの場合は、自社のセキュリティポリシーに適合しないケースもあるので要注意です。

● 「コスト」の比較検討

　業務ソフトを導入した場合、初期費用のみならず、その後の運用コストもかかります。従業員数によって金額が変動する従量課金のものや、基本料金でできることは限られ機能を追加することで料金が変動するものなど種類は様々です。

　各業務ソフトの料金比較はもちろん、導入した場合に予想される**年間の運用コストをもとに、どれだけの費用対効果が見込まれるかを十分に検討**しましょう。

　ここまで行ったら、自社に適した業務ソフトの候補をいくつかリストアップします。そして、候補に挙がっている業務ソフトについて右記の確認を行いましょう。

> **業務ソフト導入前に行うこと**
> ● デモンストレーションや体験版の活用
> ● 社会保険関係手続きの電子申請対応帳票数の確認
> ● サポートサイトやサポートセンターの充実度の確認

● デモンストレーションや体験版の活用

　システム会社のほとんどは、「業務ソフトの無料利用期間の設定」「オンラインでソフトの操作を案内するデモンストレーション」「体験版の提供」を行っています。会社ごとに強みや特徴が異なるので、**できる限りのデモンストレーションでの案内や体験版の活用を、実際に業務を担当する方が試すようにしてください。**

運用開始後に、「思ったように使いこなせない」「使いにくい」「他社ソフトに変更したい」となると、費用はもちろん、データの移行等の労力がかかります。特に、業務を行わない部署管理者が導入するソフトを決める場合に、こうしたリスクが高まるので要注意です。

## ●社会保険関係手続きの電子申請対応帳票数の確認

手続頻度が高い、取得・喪失関係、被保険者報酬月額変更届、被保険者賞与支払届、被保険者報酬月額算定基礎届、年度更新は、多くのソフトで電子申請ができるようになっています。

一方、時間外労働・休日労働に関する協定届（36協定）や産前産後休業取得者申出書、育児休業等取得者申出書など電子申請に未対応のソフトが多いのが現状です。

その他の手続きについても、各業務ソフトで取扱いにばらつきがあるので、**自社で電子申請したいと思っている手続きができるどうかも導入**前に確認します。

> **業務ソフトで対応していない手続き**
> 以下のどちらかの方法をとることになります。
> ① e-Govアプリケーションで電子申請対応している場合にはe-Govアプリケーションを利用して電子申請
> ②持参もしくは郵送で申請

## ●サポートサイトやサポートセンターの充実度の確認

導入後は必ずといってよいほど操作方法の不明点が出てきますから、**サポートサイトにあるマニュアルの種類が充実しているかどうかや、Ｑ＆Ａがわかりやすいかどうかも重要なポイントの１つです。**

導入前にサポートサイトを確認したり、周囲にユーザーがいる場合は感想等も聞いて判断材料にしましょう。

なお、インターネット上の口コミは、情報が古かったり信憑性が低いこともあるので、身近なユーザーのリアルタイムの情報を聞くようにしましょう。

## ⚲ 業務ソフトを利用するときの注意点

業務ソフトを利用し始めると、クラウド型・オンプレミス型のどちらの場合であっても、便利さゆえにソフトに頼りきりになり、内容確認を怠る方が多数います。

残念ながら、**ソフトも完ぺきではありません**。不具合を起こすことがあります。クラウドにデータがあっても、ハッキングやランサムウェアによる被害でデータがなくなる可能性もあります。セキュリティに関して100%の安全を保障するサービスはありません。

また、予期せぬタイミングでシステムメンテナンスなどが行われ、利用できない期間が発生することもあります。

この場合、紙に書いて手続きをするため、自社でも**従業員情報などのデータのバックアップをとっておくこと**が望ましいでしょう。

**BCP（事業継続計画）の重要性**

2011年の東日本大震災が起こった後、自然災害時のBCPが注目されましたが、時間の流れとともに少しずつ風化していきました。2020年以降、コロナウイルス感染症の拡大により、自然災害のみならず、人的なリソースやシステム障害など多角的な視点でのBCPの重要性が説かれ、再注目されています。業務ソフトを導入したとしても、「業務ソフトが利用できない」という有事の際の備えとして、代替手段まで考えておくことが大切です。

## COLUMN

## 中小企業こそ業務ソフトで救われることも

　「うちは従業員10人もいないし、業務ソフトは不要でしょ」と考える方が一定数いらっしゃいます。たしかに筆者も、開業当初はそうした考えを持っていました。

　しかし、最近は「**従業員数が多いか少ないかは判断材料にならないのでは？**」と思っています。

　従業員数が少ない企業の場合、紙ベースで個人情報等を管理できるかもしれませんが、その管理方法が担当者個人の裁量に委ねられがちです。
　また、人事労務関連の業務に携わるスタッフが少なく、経理や総務と兼任しているケースもあり、業務負担がとても大きいケースをよく見かけます。

　業務ソフトは、電子申請のみならず、人事労務に関する情報も集約でき、担当者が退社するなど何かあった場合も、ソフトのサポートセンター等を利用しながら比較的スムーズに業務を引継ぎできることが考えられます。
　中小企業こそ業務ソフトで救われることがあるかもしれません。

# 第3章

# 始めよう
# e-Gov電子申請

第3章では、コストをかけずに気軽に始めることができ、
便利な機能が増えて使いやすさが格段に増している
e-Govのアプリケーションを使った申請方法を解説します。

# e-Govで電子申請する
# ための事前準備

社会保険手続きの電子申請を検討したとき、一番気軽に始めること
ができるのがe-Govアプリケーションを利用した電子申請です。
事前に、電子証明書またはGビズIDを用意するほか、いくつかの
事前準備が必要になります。

なお、市販の業務ソフトを利用する企業であっても、不測の事態が
起きたときに備え、e-Govアプリケーションを利用した電子申請が
できるようにしておくことをおすすめします。

 POINT

- ☑ e-Govアプリケーションは
  ①e-Govアカウント、②GビズID、③Microsoftアカウント
  の3種類のアカウントで利用することができる
- ☑ 電子証明書を利用しない場合、GビズIDの利用が必須
- ☑ e-Govアカウントの新規作成にかかる時間は30分程度

# ⚡e-Govアカウントを作成する

　初めて**e-Govアプリケーションを利用して電子申請をする場合は原則として「e-Govアカウント」を作成する**必要があります。

　e-Govアカウントは、業務ソフトを利用してe-Govに電子申請する場合にも必要となるので(※)、**e-Govに対して電子申請をするためには必要なもの**と覚えておいてください。

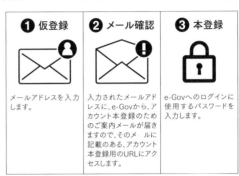

❶ 仮登録
メールアドレスを入力します。

❷ メール確認
入力されたメールアドレスに、e-Govから、アカウント本登録のためのご案内メールが届きますので、そのメールに記載のある、アカウント本登録用のURLにアクセスします。

❸ 本登録
e-Govへのログインに使用するパスワードを入力します。

※電子申請APIを利用して電子申請をする場合に限ります。外部連携APIの場合には不要

　e-Govアカウントはe-Govサイトより、**①メールアドレスを仮登録→②返信メールを確認→③返信メール内のリンクから本登録**の３ステップにより、5～10分程度で作成することができます。

　なお、**e-Govアプリケーションは、①e-Govアカウントのほか、②ＧビズIDアカウントもしくは③Microsoftアカウントでも利用することができます。**今後、他のサービスアカウントでも利用可能になることも考えられますが、2024年4月現在、利用できるのは上記アカウントのみです。②と③のアカウントを使う場合、①e-Govアカウントを新規作成する必要はありません。

## 担当者が複数名いる企業はここに注意！

　電子申請をする担当者が複数名いる企業において e-Gov アカウントを新規作成する場合は、

①**電子申請を行う担当者全員で利用できる共通アカウントを作成する**

②**電子申請を行う担当者ごとにアカウントを作成する**

のどちらかを選ぶ必要があります。

　そのため、**よほどの理由がない限り①の共通アカウントを作成する方法**を選ばれている企業が多く、筆者も①の方法をおすすめしています。

　e-Gov で電子申請した手続情報は、ログインしたアカウントに紐づいており、基本的に別のアカウントから行った手続情報の確認はできません(※)。

　また、アカウントや手続情報の統合等もできないため、担当者ごとにアカウントを作成した場合、その担当者しか情報確認がでなくなります。

　担当者が異動・退職した場合の処理方法を考える必要が生じることからも、**企業もしくは部署単位で1つ取得する**運用が望ましいでしょう。

※Gビズ ID を利用して e-Gov で電子申請を行う場合は情報共有機能（92ページ）を設定することで共有可能

# ⤴e-Gov電子申請アプリケーションをインストールする

　e-Gov電子申請を利用するには**e-Gov電子申請アプリケーショ**ンが必要です。Windows版とmacOS版が用意されているので、使用しているPCに合わせて以下のようにインストールします。

①検索エンジンで「e-Gov 電子申請」と検索し、e-Gov電子申請ホームページへ

②画面上部のメニュー「利用準備」へと進む

③利用準備の画面に進んだら、スクロールして画面下部の「③アプリケーションのインストール」よりexeファイルをダウンロードする。Windows版とmacOS版があるので、利用しているパソコンに対応したexeファイルをダウンロードし、e-Gov電子申請アプリケーションのインストールを行う

　e-Gov電子申請を行うにはe-GovでサポートされているWindowsやmacOSを利用することが望ましいため、自身のパソコンのOSがe-Gov利用環境に適合しているか確認しておきましょう。

　利用環境は、e-Govのホームページから確認が可能です。参考

| OS | ブラウザ |
|---|---|
| Windows11 | Chrome　Edge　Firefox |
| Windows10 | Chrome　Edge　Firefox　Internet Explorer 11 |
| Windows8.1 | |
| Windows7 | Edge　Internet Explorer 11 |
| macOS10.15 | Chrome　Firefox　Safari13 |
| iOS13 | Safari |
| Android9 | Chrome |

までに、現在の利用環境は上表のとおりとなっています。

　Internet Explorer 11は2022年6月に、Windows7や Windows8.1は2023年1月にMicrosoft社によるサポートが終了したため、e-Gov利用環境として表記されているものの、現在はe-Govで利用環境検証時のテストがされていません。

　そのため、今から**Windows OSを利用してe-Govを利用する場合には、Windows10以降のOSを利用する**のがよいといえます。

# ⚡e-Govアプリケーションにログインする

　e-Govアプリケーションをインストールしたら初回ログインをしてみましょう。e-Govアカウントを新規作成した場合、初回ログイン時には**2要素認証・追加認証**（表参照）の設定画面が表示されます。

| 「2要素認証」とは | 「追加認証」とは |
|---|---|
| 　認証方法の1つで、2つの要素を利用してユーザーを認証する仕組みのことです。認証に利用される要素としては、①本人のみが知っていること（IDとパスワード）、②本人のみが持っているもの（携帯電話やタブレット機器・IDカードなど）、③本人の特徴（顔や指紋など）があり、このうちの2つの要素を組み合わせて確認を行うため、2要素認証と呼ばれています。<br>　e-Govでは①e-GovアカウントIDとパスワードでの認証と②Authenticator（オーセンティケーター）と呼ばれる専用アプリに表示される6桁の数字で認証を行います。 | IDとパスワードといったような組み合わせを追加で設定して認証を行う仕組みのことです。e-GovアカウントIDとパスワードでの認証に加えて、秘密の質問と答えをあらかじめ登録しておき、登録された組合せを利用して認証を行います。 |

　2要素認証の場合、担当者が作業できる場所に専用アプリケーションがインストールされた端末を用意する必要があります。追加認証に比べてセキュリティは強固ですが、こうした端末の用意等の対応が難しい場合には追加認証の設定を行いましょう。

　追加認証の設定をする場合、2要素認証設定画面はスキップボタンで飛ばして進みます。

　ログインできるようになったら事前準備の完了です。

　e-Govアプリケーションはe-Govで電子申請するときには必ず利用するものですから、**いつでも起動ができるようデスクトップ画面にショートカットを作成もしくはタスクバーにピン止めしておく**ことをおすすめします。

## ⚡e-Gov事前準備に関するよくある質問

　e-Govアカウント作成からe-Govアプリケーションの初回ログインまでの作業自体は難しくなく、トータルで30分もあれば完了します。

　しかし、e-Govアカウントの作成時や作成後に疑問が生じ、問い合わせを受けることがよくあります。ここでは、e-Gov事前準備に関して、筆者がよく受ける質問とその対処法を紹介します。

**Q** 「e-Govアカウント」は新規で作成すべきか？　「Gビズ
IDアカウント」や「Microsoftアカウント」を持っている場
合は、そちらを利用すべきか？

**A** この場合、「電子証明書」を取得・利用するか否かで回答が変わります。
**電子証明書を取得して電子申請を行う場合は、e-Govアカウント・Gビ
ズIDアカウント・Microsoftアカウントのいずれであっても利用可能ですから、
すでにGビズIDアカウントやMicrosoftアカウントをお持ちであれば、e-Gov
アカウントを新規作成しなくてもかまいません。一方、**電子申請にあたり電子証
明書を利用しない場合は、**「GビズIDアカウント」を利用してe-Gov電子申請
を行う以外の方法はありません。**

　なお、電子証明書を取得して電子申請を行う場合で、GビズIDアカウントやMicrosoftアカウントを利用する際は、以下の点に留意してください。

### ●GビズIDアカウントを利用する場合のポイント
　法人代表者や個人事業主本人がe-Govを利用する場合を除き、「Gビズ IDプライムアカウント」の情報をe-Govで利用するのではなく、**必ずスタッフ用の「GビズIDメンバーアカウント」を作成し、**

それをe-Govで利用するようにします。

「GビズID」は他のサービスでも利用できるシステムアカウントであり、その中には、法人代表者や個人事業主本人向けの「GビズIDプライムアカウント」でしか利用できない大切なサービスも含まれています。「GビズIDプライムアカウント」は、不特定多数のスタッフ間で共有するものではありません。

なお、**同一法人に所属するGビズIDプライム、GビズIDメンバーでe-Govの手続情報を共有することができます**（電子申請の申請案件、公文書、電子送達、電子送達の通知文書等の情報共有が可能）。

ただし、手続情報の共有には設定が必要ですから、こうした**設定操作などが苦手な場合は、簡単に作成できる「e-Govアカウント」を利用するほうがよい**といえます。

GビズIDアカウントを利用する際は、「**電子証明書を利用しないで電子申請を行うのか**」と「**GビズIDメンバーの登録作業や手続情報共有の設定等をすることが苦ではないか**」がポイントとなります。

### ●Microsoftアカウントを利用する場合のポイント

76ページで述べたようにe-Govは各個人の手続情報がアカウントに紐づいているため、各個人のMicrosoftアカウントによるe-Govの利用は推奨しません。

企業内で利用している共通アカウントがある場合はそちらを利用することも可能ですが、**共通アカウントの社内共有に懸念点がある場合は、e-Govアカウントの新規作成がベストの選択**といえます。

Microsoftアカウントを利用する際は「**そのアカウントを不特定多数のスタッフで共有していいのか**」がポイントとなります。

**Q** 「GビズIDアカウント」や「Microsoftアカウント」と同じメールアドレスやパスワードで「e-Govアカウント」を作成したらどうなるか？

**A** まったく同じメールアドレスとパスワードの組み合わせだとしても、**それぞれは別のものと認識**され、e-Govにログインする場合には、e-Govアカウントのログイン画面からログインする必要があります。

**Q** 「e-Govアカウント」作成後、「GビズIDアカウント」や「Microsoftアカウント」に切り替えることはできるか？

**A** **可能**です。e-Govアプリケーション起動後、GビズIDアカウントもしくはMicrosoftアカウントのログイン画面へと進み、ログイン情報を入力すると、切り替え確認画面が表示されるので、そちらから切り替えを行いましょう。**切り替え前の手続情報も引き継げる**ので、ご安心ください。

　なお、アカウントの切り替えができるのは、「e-GovアカウントからGビズIDアカウント」「GビズIDアカウントからe-Govアカウント」「e-GovアカウントからMicrosoftアカウント」「Microsoftアカウントからe-Govアカウント」です。

　「**MicrosoftアカウントからGビズIDアカウントへの変更**」や「**GビズIDアカウントからMicrosoftアカウントへの変更**」**はできません**。そのような変更をしたい場合には「e-Govアカウントへの変更」を間にはさんでからアカウント変更を行う必要があります。

アカウント切り替え一覧表

| 切り替え前 ＼ 切り替え後 | e-Govアカウント | GビズIDアカウント | Microsoftアカウント |
|---|---|---|---|
| e-Govアカウント | | ○ | ○ |
| GビズIDアカウント | ○ | | × |
| Microsoftアカウント | ○ | × | |

**Q** 「e-Govアカウント」は他のサービスで利用できるか？

**A** e-Govアカウントは**e-Govが提供するサービスでのみ利用ができるもの**であり、他サービスでe-Govアカウントを利用することはできせん。

**Q** 「2要素認証・追加認証」の設定解除はできるか？

**A** 可能です。ただし、「設定解除」といっても「**2要素認証も追加認証も設定しない**」ということはできず、必ずどちらかの設定を行う必要があることを覚えておきましょう。

　スマートフォンの機種変更で「2要素認証アプリケーションが利用できなくなってしまった場合」や「追加認証の質問と回答を変更したい場合」などには、**2要素認証設定・追加認証の設定をいったん解除して再設定**を行うことになります。

　「2要素認証から追加認証に変更をしたい場合」や「追加認証から2要素認証に変更したい場合」も、いったん現在の設定を解除してから再設定を行うこととなります。

### ●2要素認証・追加認証の設定解除
　2要素認証・追加認証の設定解除方法は2種類あります。

### ①マイページログイン前に2要素認証・追加認証の設定を解除する
　e-Govアカウントのログイン画面よりログインし、「2要素認証」もしくは「追加認証」の画面に移行したら、画面左下の「2要素認証設定解除」または「追加認証設定解除」をクリックし、その先の

画面より、e-Govアカウントのメールアドレスへと2要素認証・追加認証設定解除メールを送信します。

**②マイページログイン後に2要素認証・追加認証の設定を解除する**

　e-Govアプリケーションにログイン後、画面右上の「アカウント名」をクリックし、表示されたメニューの中の2要素認証・追加認証設定解除より設定を解除します。e-Govアカウントのパスワードを再入力し、認証後、その先の画面よりe-Govアカウントのメールアドレスへと2要素認証・追加認証設定解除メールを送信します。

　届いたメールを確認し、本文に記載されているURLにアクセスすることで2要素認証・追加認証の設定解除がされます。URLの有効期限は1時間ですから、メール確認はすぐに行いましょう。

# e-Govの便利機能

「e-Govアプリケーション」にログインできるようになったところで早速、電子申請を……といきたいところですが、その前に、読者の皆さんにぜひ活用していただきたい、e-Govアプリケーションの「便利な機能」について紹介します。

## POINT

☑ 2020年11月のリニューアル後、多くの便利機能が搭載
☑ 便利機能を活用して、電子申請をより有用なものにしていこう

# ⍗手続ブックマーク機能

　頻繁に行う手続きを、そのつど手続検索画面から検索するのは煩わしいものです。

　年に1回しかない手続きや、頻度が少ない手続きを行う場合は、どのように検索したらよいのかを忘れてしまい、手続画面にたどり着くまでに時間がかかることもあるかと思います。

　そうしたときの備えとして、「手続ブックマーク機能」を利用しましょう。ブックマーク方法ですが、検索結果に表示された各手続きの右側にある**「ブックマーク」ボタンを押す**だけ(図1)。これにより「手続ブックマーク」に登録されます。

**図1**

　登録後は、「マイページ」もしくは「手続ブックマーク」を開くことで、登録した手続きをスムーズに見つけることができます。

　すでに登録済の手続きについては**「登録済」**と表示されており（図

2）、その状態で再度ボタンを押すと「手続ブックマーク」が解除されるので気をつけましょう。

図2

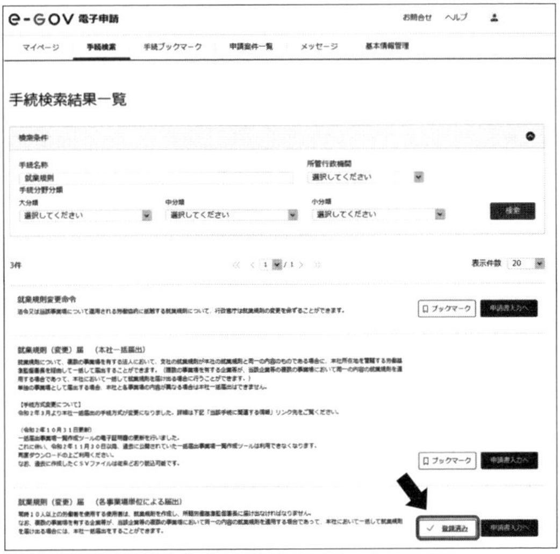

様式変更等で手続きがe-Gov上で新しくなった場合、既存の手続きについては従来様式と新様式の並行期間終了後に廃止される場合や、並行期間がなく従来様式から新様式へと移行される場合もあります。

そのような場合、**手続きの「申請書入力へ」ボタンが「メンテナンス中」へと表記が変更**され、手続きが利用できなくなります。手続ブックマークは自動で更新されないので、ブックマークした手続きが利用できなくなった場合には改めて新しいものをブックマークする必要があるので留意しましょう。

> **年度更新の手続きはブックマークしても翌年には使えない**
>
> 　労働保険料の申告手続きのうち、毎年6月1日～7月10日に手続きを行う年度更新ですが、こちらの手続きについては毎年手続期限終了後、手続自体がe-Govから削除されます。削除される時期については明らかにされていませんが、令和5（2023）年度は7月27日にe-Gov上から削除され、電子申請ができなくなっています。そのため、**手続ブックマークを行っても翌年には利用できない**ことを覚えておきましょう。

# ⬀申請案件一覧の絞り込み機能

　一覧画面では、現在の進捗ステータスに関係なく、申請した順番に降順で表示がされるため、行っている手続数が増えてくると、自身が担当している手続きを見つけ出すのにも一苦労します。

　そのような場合には、マイページの申請案件一覧の「**絞込条件**」機能を利用しましょう（**図3**）。

図3

　絞込検索は、「ステータス」「対象期間」「手続名」などで実行することが可能です。

　「対象期間」の日時は「到達日時」で絞り込みを行います。通常、電子申請送信後に行われるシステムによるエラーチェックでエラーとなる場合を除き、電子申請データを送信した日中にはステータスが「到達」となるため、「申請日時」と考えてよいでしょう。

　そのほか、「公文書取得状況」での絞り込みは、「未取得の公文書がないか」の確認が一挙にできるため、定期的に絞込検索をかけることで取得の漏れを防ぐことができます。

# ⤴ メール通知機能

e-Govアプリケーションログイン後、画面右上の「アカウント名」をクリックして表示されたメニューの中の**「利用者設定」**により、**「メール通知」**設定の変更ができます（**図4**）。

**図4**

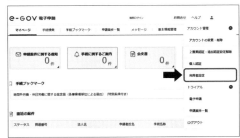

初期設定では全部「受信しない」になっていますが、これを「受信する」に変更することでアカウントのメールアドレス宛に通知が行われます。受信設定を変更できるのは下記の5項目です。

| 項目名 | 配信内容等 |
|---|---|
| 日時サマリー | 前日分の到達件数を、1日1回3時ごろに通知 |
| 案件ステータス | 前回配信から4時間の間にステータスに変更のあった申請案件に関する件数情報を、4時間ごとに通知 |
| 手数料納付の<br>ご連絡 | 行政手数料等の納付が必要な手続きがあることが府省で確認され、その情報がe-Govにて登録されたときに、手続情報および納付期限を通知 |
| 手数料納付確認の<br>ご連絡 | 行政手数料等の納付が完了したことが府省で確認され、その情報がe-Govに登録されたときに、納付完了を通知 |
| 手数料納付期限の<br>ご連絡 | 納付期限の5日前に、行政手数料等の納付が完了していない手続きがある場合に、納付情報を通知 |

なお、**「取得期限が近づいている公文書」**と**「補正期限が近づいている申請案件」**のお知らせは、受信設定をしなくても**必ず配信がされる**ものとなり、「受信しない」と設定することはできません。

# ↗電子申請トライアル機能

「画面操作に自信がない」「間違えてしまいそうで不安」といった思いから電子申請に二の足を踏んでいるような場合は、「**電子申請トライアル**」機能でイメージをつかむことをおすすめします。

この機能は、e-Govアプリケーションにログイン後、画面右上のトライアルをクリックして表示されたメニューにある電子申請手続きについて、電子申請の一連の流れを体験することができます（図5）。

図5

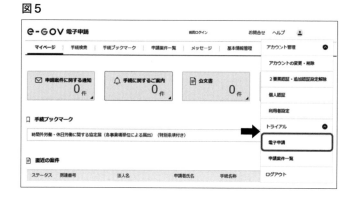

手続検索から申請書入力はもちろん、申請書提出、申請案件の状況確認、公文書（ダミー）のダウンロードまで体験をすることができますが、**提出先機関へ実際に申請されることはないので、安心してください。**

この機能を使って操作を練習することで、本番の申請手続きをスムーズに行うことができるようになります。また、担当者を変更す

るときや新入社員に対しての研修材料としても活用できます。

　トライアル機能で操作をしているときには、e-Govアプリケーションの画面上部に**「トライアル」と赤枠で表示**されます。トライアル操作なのか本番環境なのかどうかは、この表示で確認することができます（**図6**）。

図6

　なお、**電子申請トライアル機能を利用する場合であっても、電子署名するための「電子証明書」が必要**となります。

　「ちょっと練習したいだけなのに、本物の電子証明書を使うのは、抵抗がある」と思われた場合や、「まだ電子証明書が手元にない」という場合には、e-Gov上に用意されている「**テスト用の電子証明書**」を取得して電子申請トライアルを行います。

　テスト用の電子証明書は、e-Govアプリケーションのヘルプページの「電子申請を試してみる」から取得できます。

# ⚡アカウント間情報共有機能

　これは、**GビズIDプライムまたはメンバーのアカウントを利用してe-Gov電子申請を利用している場合に利用できる**機能です。

　e-Gov電子申請の申請案件はアカウントに紐づけられているため、原則として他のアカウントによる申請情報の確認はできませんが、この機能を使うことで複数のアカウント間で、**①公文書に関する権限と②電子送達の通知文書に関する権限に対して「参照」と「ダウンロード」**いずれかの共有設定を行うことができます（右表）。

　共有対象者のデータに対し、**申請取り下げや補正・再提出の処理はできず、あくまで閲覧とダウンロードができる機能**となります。

　共有の設定の依頼者（以後、共有設

| 権限設定 | 参照 | ダウンロード | 共有対象画面 | 内容 |
|---|---|---|---|---|
| 公文書に関する権限 | ○ | ○ | 申請案件一覧 | 検索可能 |
| | ○ | | 申請案件状況 | 参照可能 |
| | | ○ | | 参照、ダウンロード可能 |
| | ○ | ○ | 申請案件に関する通知一覧 | 検索可能 |
| | ○ | | 申請案件に関する通知 | 参照可能 |
| | | ○ | | 参照、ダウンロード可能 |
| | ○ | ○ | 電子送達申込み状況一覧 | 検索可能 |
| | ○ | | 電子送達申込み状況 | 参照可能 |
| | | ○ | | 参照、ダウンロード可能 |
| 電子送達の通知文書に関する権限 | ○ | ○ | 電子送達一覧 | 検索可能 |
| | ○ | | 電子送達詳細 | 参照可能 |
| | | ○ | | 参照、ダウンロード可能 |

定者）は、e-Govアプリケーションにログイン後、マイページ右上のアカウント名をクリックし、表示される「アカウント間情報共有」より「**情報共有の設定・解除**」へと進み、共有依頼を行います（**図7**）。これにより共有依頼を行った相手（以後、共有対象者）に対してメー

ルが送信され、共有設定
者の作業は終了です。共
有アカウントの削除をし
たい場合も同画面から行
うことができます。共有
一覧画面のアカウント名

図7

右側に削除ボタンがあるので、そちらから削除を行いましょう。

　共有依頼をされた場合、共有対象者のログイン時に、アカウント
間共有設定の要求を求めるメッセージボックスが表示されます。内
容を確認し問題がなければ「許可する」をクリックすることで、自
身の申請情報が共有設定者と共有されるようになります。

　ここでポイントとなるのが、**共有設定者だけに共有対象者の申請
情報だけが共有される**ことです。共有設定者の申請情報を、共有対
象者の画面で閲覧・ダウンロードすることはできません。**双方の申
請情報を共有したい場合は、それぞれに共有設定者・共有対象者と
しての作業が必要**になることに留意しましょう。

　ちなみに、自身の申請案件に対して共有設定者がどのような操作
をしたのかは、共有依頼者側の機能として、e-Govアプリケーシ
ョンへのログイン後のマイページ右上アカウント名の「**情報共有操
作履歴**」で確認できます。

　また、共有設定によって「申請一覧」に多くの手続案件が表示さ
れることで、自分が申請した手続きがわかりにくくなる懸念点があ
りますが、88ページで紹介した「申請案件一覧の絞り込み機能」
に「**自ら行った申請案件のみ表示**」という項目が追加されるので、
適宜確認してください（自ら行った申請案件以外の表示はできません）。

# ⚡電子送達機能

　これは、**GビズIDプライムまたはメンバーのアカウントを使っ
てe-Gov電子申請を利用している場合に利用できる機能**で、下表
の情報について、**特段の申請や手続きをすることなく、それぞれの
送付頻度で受け取ることが可能**になります。

| 情報名 | 内容 | 送付頻度 |
|---|---|---|
| 社会保険料額情報 | 年金事務所に納める毎月の社会保険料額情報 | 1か月に1回<br>毎月15日頃 |
| 保険料納入告知額・領収済額通知書 | 当月の口座振替額と前月の領収額 | 1か月に1回<br>毎月20日事<br>※社会保険料を口座振替にしている場合のみ |
| 増減内訳書 | 社会保険料の増減に該当する被保険者および増減となった理由 | 前月と当月の社会保険料額に増減が生じたとき<br>毎月15日頃 |
| 基本保険料算出内訳書 | 9月分（※算定基礎届による社会保険料変更が最初に反映される月）の社会保険料の基礎となる標準報酬月額ごとの被保険者数等 | 毎年10月 |
| 賞与保険料算出内訳書 | 被保険者ごとの賞与保険料 | 賞与支払届の提出があり年金事務所で賞与保険料の計算が行われた月の15日頃 |
| 被保険者情報 | 届書作成プログラムで届書を作成する際に利用できる事業所と被保険者の情報 | 【算定用】<br>　毎年6月第1営業日<br>【賞与用】<br>賞与支払予定月の2か月前の15日頃 |
| 決定通知書等 | 紙または電磁的記録媒体（CD等）で届出を行った場合の決定通知書 | 届出処理が完了次第 |

　これらのデータはすべて、電子データが確認できるようになった
タイミングで、登録されたメールアドレス宛にメールが送られます。
**閲覧期限は電子データ到達後90日間**となり、90日経過後はe-Gov

マイページにて確認することができなくなるので確認漏れには注意
が必要です。

　月々に納付する社会保険料額は決して少ない金額ではありません。
毎月20日ごろに納付書が郵送されますが、社会保険料額がいくら
になるかは少しでも早くわかるに越したことはありません。電子送
達の場合、郵送よりも幾日か早く社会保険料額が把握できるので、
利用することをおすすめします。

**電子送達機能は申し込み
をして初めて行われるもの
であり、Ｇビズ ID を利用
していたら自動で電子送達
機能が有効になるものでは
ありません。**申し込みは
e-Gov アプリケーション
にログイン後、「**電子送達
申込み**」より行うことがで
きます（**図8**）。

図8

　以下の3種類の申込手続一覧が表示されるので、行いたい手続き
を選択して申し込みを行いましょう。

| 申込手続名 | 内容 |
|---|---|
| 事業所利用登録申請 | 電子送付の初回申込み |
| 電子送付希望変更申請 | 現在申し込んでいる電子送付内容を変更 |
| 事業所利用停止申請 | 現在行われている電子送付をすべて停止 |

# ⬈グループ申請機能

　こちらについては、すべての方にとって有益な機能というわけではなく、複数の申請・届出手続きをしなくてはならない一部のケースにおいて効率よく手続きができる機能になります。

　例えば、事業（所）の新規適用、所在地や名称の変更の届出、被保険者の資格取得の届出など、公共職業安定所や年金事務所などの複数の提出先それぞれに手続きが必要なケースがあります。
　そのような場合の申請方法として、e-Govアプリケーションで電子申請する場合、「**グループ申請**」と呼ばれる、**異なる提出先への届出を一挙にできる機能**があります。

　複数手続きをまとめて申請できるので一見、便利な機能ではあるのですが、「グループ申請」に含まれた手続きの中に届出不要な手続きがあった場合に、「一部の手続きだけを削除する」といったことができない欠点があります。
　例えば、「被保険者の資格取得」のグループ申請には「雇用保険の転勤届」も含まれています。「新規入社社員の手続き」の場合、転勤届は不要ですが、転勤届を除いてグループ申請をすることができません。したがって、「新規入社社員の手続き」において、このグループ申請機能を利用することはできません。

　また、グループ申請をする場合であっても、各申請書に情報を入力する必要があるため、必ずしもデータ作成が迅速にできるというものでもありません。

こうした点も知ったうえで、この機能を利用したい場合は、e-Govアプリケーションにログイン後、手続検索画面の上部「状況から探す」にある各状況の下矢印を選択することで表示される、**「上記の手続きをまとめて申請する」**をクリックすることでグループ申請データ作成画面へと進むことができます（**図9**）。

図9

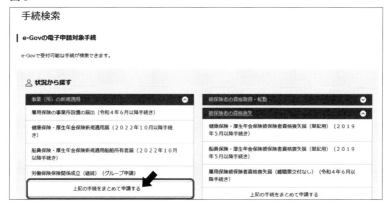

「事業（所）の新規適用」や「所在地や名称の変更手続き」の際など、**「グループ申請」に含まれたすべての手続きを行う必要がある場合に試してみるとよいでしょう**。

# e-Gov電子申請の流れ

e-Gov事前準備もでき、便利な機能もわかった今、もう皆さんは、いつでも電子申請を始めることができます！

では電子申請の流れを確認していきましょう。電子申請時のデータの保管方法も、この章で押さえてください。電子申請を実践するまで、あと少しです！

 **P O I N T**

☑ 電子申請の流れはどの手続きもすべて同じ

☑ 電子申請時のデータ保管方法をしっかりと決めておくことが重要

# ⚡電子申請の流れ

　社会保険関係手続きにはたくさんの種類がありますが、電子申請はすべて下記の手順で進めていきます。以下、1つひとつ解説します。

---

### 電子申請の流れ

①e-Govアプリケーションを起動する
②申請したい手続きを、「手続検索」または「手続ブックマーク」で選択し、「申請書入力へ」から申請データ作成画面に進む
③申請者情報と連絡先情報を確認・設定する
④申請書にデータを入力する
⑤提出する書類がある場合、添付書類欄に書類を添付する
⑥提出先を選択する
⑦画面はそのままにし、③〜⑥の内容に誤りがないか確認する
⑧「申請データを保存」から、作成した申請データを任意の場所に保存する
⑨「内容を確認」を選択し、電子申請データ送信前の最終確認画面へ進む
⑩「申請内容を出力（PDF）」を行い、出力されたPDFデータを保存する
⑪「提出」を選択し、データを送信する
⑫「申請書控えダウンロード」より、申請書控えを任意の場所に保存する

---

## ① e-Govアプリケーションを起動する

　e-Govの電子申請は、**最新版のe-Govアプリケーションを利用する必要があります。**アプリケーション起動時に最新版のインストールを促すメッセージが表示された場合は最新版のインストールを行いましょう（図10）。

**図10**

　OKをクリックするとe-Govホームページが起動します（最新版のインストール方法は77ページ参照）。

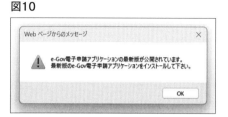

## ②申請したい手続きを、「手続検索」または「手続ブックマーク」で
## 選択し、「申請書入力へ」から申請データ作成画面に進む

「電子申請方法別利用
案内欄」（図11）から対
象の手続きの留意点や記
載要領が確認できます。
**気がかりな操作などがあ
れば、申請データ作成画
面に進む前に、これら留
意点等を確認**したり、印
刷して手元に用意してお
くと心強いかと思います。

図11

## ③申請者情報と連絡先情報を確認・設定する

　e-Govで初めて電子申請を行うときは、申請者情報も連絡先情
報も空欄です<sup>（※）</sup>。「申請者情報の設定」「連絡先情報の設定」へと
進み、「追加」より、それぞれに会社情報などを入力しましょう。

　登録の際、**「この申請者（連絡先）情報を次回も使うために登録
する」**にチェックが入っていれば、入力した情報が保存されるよう
になっているので、次回以降の申請時には入力する必要はありませ
ん。

※GビズIDを利用してログインしている場合、GビズIDに登録されている情報が設定されて
　いる状態になります。

### 【申請者情報】

　申請・届出を行う会社の基本情報を入力・設定します。

【連絡先情報】

　申請・届出に関して行政側から連絡する場合の連絡先を入力・設定します。企業が申請を行う場合、申請者情報は会社の基本情報を登録しますが連絡先情報には申請を行った部署の担当者の連絡先を入力するといったことが考えられます。

　2回目以降の電子申請時、申請者（連絡先）情報は、前回申請時の申請者（連絡先）情報が設定されています。設定済みになっているため確認を怠りがちになりますが、**申請者（連絡先）情報が適正なものかどうか**の確認を忘れないようにしましょう。

## ④申請書にデータを入力する

　申請を行う手続きのデータを入力します。**入力様式が複数ある場合は、画面左側に表示されている**ので、順番に入力しましょう。表示されている入力様式が不要な場合は忘れずに削除します。

## ⑤提出する書類がある場合、添付書類欄に書類を添付する

　手続きの中には添付書類が必要なものがありますが、e-Govのシステムにおいて添付書類の不備があるか否かのチェックは、基本的には行われません。書類の不備により再提出になることがありますから、**漏れがないよう注意**が必要です。添付可能なファイル形式は記載されているので、対応している形式の書類を用意して添付を行いましょう。

　添付書類を電子申請時に添付するのではなく別途郵送する場合は、書類名の入力を行い、提出形式の「**別送**」を選択することで、提出先に別送予定であることが伝わります。

⑥提出先を選択する

　大分類⇒中分類の順番で提出先を設定していきます。大分類・中分類と記載されていると「よくわからない。なんのこと？」となりますが、**プルダウンから該当するものを選択する**だけです。

【**大分類**】都道府県または労働局

【**中分類**】年金事務所または公共職業安定所または労働基準監督署

　なお、企業が行う社会保険関係手続きで小分類から選択することはないので、説明は割愛します。


⑦画面はそのままにし、③〜⑥の内容に誤りがないか確認する

　③〜⑥が終わると、手続きに必要な情報の入力と書類の添付等がすべて完了した状態になります。画面の上部から**入力・設定した内容に誤りや漏れがないかの確認**をしましょう。


⑧「申請データを保存」から、作成した申請データを任意の場所に保存する

　申請データは必ず保存します。もし申請内容の不備により再提出が必要になった場合、保存データがないと申請データを最初から作り直しすることになります。再入力の際に新たな間違いや漏れが起きるリスクがあるので、**再提出となったときでも最低限のデータ入力で済むように、申請データを保存**しておきましょう。


⑨「内容を確認」を選択し、電子申請データ送信前の最終確認画面へ進む

　「内容を確認」を選択すると、**電子署名が必要な場合に証明書選択画面が表示される**ので、証明書の選択を行いましょう。

⑩「申請内容を出力(PDF)」を行い、出力されたPDFデータを保存する

　入力した申請書のデータがPDF形式で出力されます。申請後、どのような内容で申請をしたか確認したい場合などに利用できるので、任意の場所に保存しておきましょう。

　また、⑨の確認ではe-Govアプリケーション画面上でしか内容の確認ができません。紙で入力内容をチェックした場合や申請前に他の人にチェックを依頼する場合には、こちらを利用しましょう。**申請内容のPDF出力ができるのはこのタイミングのみ**であり、後で出力することはできないので注意が必要です。

⑪「提出」を選択し、データを送信する

　「提出」をクリックすることでデータが送信され、**電子申請が実行された**ことになります。

⑫「申請書控えダウンロード」より、申請書控えを任意の場所に保存する

　申請データや添付ファイル等が含まれた**Zipフォルダ**がダウンロードされます。添付した書類も同フォルダに保存されているので、再申請の際も、このフォルダから書類を選択することができます。

　**申請書控えのダウンロードができるのはこのタイミングのみ**であり、後で出力することはできないので注意が必要です。

　以上が電子申請の流れとなります。

　複数人の手続きが行えるCSVファイル添付形式の手続きを行う場合には、①の手順の前に、後述する**届書作成プログラム**で申請に関するデータを作成しておく必要があります（127ページ参照）。

# ⚡電子申請データの保存はどうするか

　e-Gov電子申請を行う流れの中に「申請データを保存（⑧）」「申請内容を出力（PDF）（⑩）」「申請書控えダウンロード（⑫）」と、3回もデータの保存に関するキーワードが出てきました。

　電子申請後も、行政からのお知らせや公文書などが発行されるため、**ダウンロードしたデータやフォルダを管理していく必要があります**。

　ダウンロードをしても保存管理が適切になされていなければ、あまり意味はありません。また、電子申請を行う各担当者が、個別に自己流の管理を行うことも、生産性の低下を招きます。

　電子申請を始める前に、データの管理をどのように行うのかを検討し、データの保存管理の統一化を図るようにしましょう。


# ⚡管理方法の一例を見てみよう

　ここで、電子申請データの管理方法の一例を紹介します（**図12**）。

　まず、「**電子申請**」というフォルダが「始まりのフォルダ」となります。このフォルダを、電子申請の担当部署や担当者が見ることができるように、複数人が共有可能なフォルダとして作成します。

　その直下には、「01_雇用保険」「02_社会保険」「03_労働保険」といったかたちで**大まかな保険ごとのフォルダ**を作成し、その中に「**YYYYMMDD_手続名（氏名）**」を作成します。

　YYYYMMDDは日付、手続名は正式名称でなくてもよいですが、行った手続きが何かわかる名称、氏名は手続きの対象者を入力する

図12

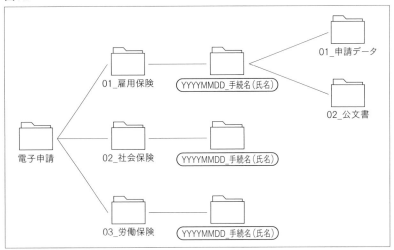

イメージです。複数人の手続きをした場合は、氏名ではなく人数を記載するなど、臨機応変に変更します。

　電子申請フォルダの直下に「YYYYMMDD_手続名（氏名）」を作成して管理することも可能ですが、手続数が多くなってきた場合に自分の必要なフォルダを見つけることが困難になるため、保険ごとに分けておくことをおすすめします。

　「YYYYMMDD_手続名（氏名）」の中に「01_申請データ」「02_公文書」フォルダを用意し、「**01_申請データ**」に、先述した「申請データを保存」「申請内容を出力（PDF）」「申請書控えダウンロード」などで**ダウンロードしたデータを保存**します。
　公文書が発行されたときは、「**02_公文書**」に、**ダウンロードした公文書フォルダごと、または公文書フォルダ内にあるすべての公**

**文書**を保存します。

　なお、第6章の「公文書の発行から交付・保存まで」で後述しますが、公文書にはそれぞれの法律で保存期間が定められているため、適正かつ厳重に管理をしなくてはなりません。

　今回紹介した管理方法はあくまで一例ですから、自社にふさわしい管理方法をしっかり話し合っておきましょう。

### 申請データを保存しないとどうなるか

　公文書とは異なり、申請データは保存が義務づけられたものではありません。したがって、罰則等があるわけでも、保存しておかないと何か困ることがあるわけでもありません。

　しかし、再提出が必要になった場合や、行政から内容の確認などがあった場合など、不測の事態の際、元の申請データが手元にあることで対応がしやすくなります。

　また、別の担当者でも内容が確認できるように情報共有するためにも「申請内容（PDF）を出力」「申請書控えダウンロード」の2つについては一定期間、保存しておくことが望ましいと筆者は考えます。一種の「おまもり」のようなものかもしれません。

# ⤴e-Govアプリケーションが起動しないときは

　同じタイミングで多くの人がe-Govに対して電子申請を行っていると、以下のようなトラブルが起きることがあります。

- e-Govアプリケーションが起動しにくい
- メニューを選択しても動きが遅い
- e-Govアプリケーションが固まってしまった

　システムである以上、このような一定のトラブルを避けることはできず、**時間をおいて再度起動してみるほかに対処法はありません。**

　また、申請データ作成途中でe-Govアプリケーションが終了してしまった場合は、それまでに作成したデータは保存されないので、再度、申請データを作り直す必要があります。

　特に、入退社の多い春先や、労働保険料申告手続き（年度更新）および算定基礎届の申請時期は、これらのトラブルが起こりやすい傾向があることも知っておくとよいでしょう。

# やってみよう
# e-Gov電子申請

ここでは実際の申請書データの入力がどのようなものなのかを見ていきます。なお、本稿は2023年5月時点で公開されている仕様での手順です。今後、様式変更等により手続きの名称や申請書の内容に違いが生じる可能性もあります。あらかじめご了承ください。

 **POINT**

- ☑ 実際の手続きを一緒にイメージしていこう
- ☑ 持参や郵送での申請時に、記載箇所が少ない手続き（電子申請でも入力する箇所が少ない手続き）から始めていこう
- ☑ 届書作成プログラムの使い方を覚えておこう

# ⚡入力項目が少ない「資格取得」から始めてみよう

第
3
章　始めようe-Gov電子申請

　ここでは主だった手続きの電子申請のデータ作成までを、原則、手続名→検索方法→申請データ入力、の流れで解説していきます。

| 手続名 | e-Govアプリケーションで表示されている手続名 |
|---|---|
| 検索方法 | 手続検索画面での検索方法 |
| 申請データ入力 | 質問として多い項目について解説 |

　まずは、手続頻度が高い「資格取得届」を見ていきます。

　資格取得届は、雇用保険および健康保険・厚生年金保険のどちらも電子申請の中では入力項目が少なく、内容も複雑ではありません。

　そのため、電子申請を導入しようとされている方に対し、筆者は、**まず「資格取得」の届出から始めることをおすすめしています**。

# ⚐雇用保険　被保険者資格取得届

　雇用保険被保険者資格取得届の電子申請では、1人の手続きを行う**単記用**と、複数人の手続きを行う**CSVファイル添付方式**（添付するCSVファイルは届書作成プログラムで作成）が用意されていることが特徴です。ここでは単記用の手続きについて紹介します。

## ●手続名

雇用保険被保険者資格取得届（○○○○年○月以降手続き）※

※（○○○○年○月以降手続き）について
　複数の表示がある場合は、「最新年月」の手続きを選択してください。
　表示が1件の場合は、その年月の手続きを選択してください。

## ●検索方法

　e-Govアプリケーションログイン後、手続検索画面で「**被保険者資格取得**」と入力し、「**検索**」をクリックすると、検索結果の一覧が表示されるので、「**雇用保険被保険者資格取得届（○○○○年○月以降手続き）**」を選択し、「**申請書入力へ**」から申請書入力画面へと進みます。

## ●申請データ入力

### ・個人番号

　平成30（2018）年5月以降、マイナンバー記載欄のある雇用保険手続きをする場合、申請方法に関係なく**マイナンバーの記載が必須**とされています（**図13**）。

　すでに公共職業安定所にマイナンバーを届出している場合は、備

図13

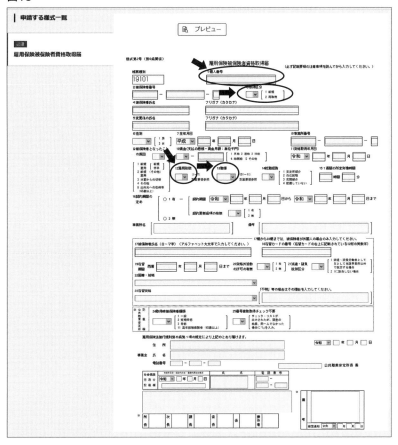

考欄に「マイナンバー届出済」と記載することで記載不要とされて
いますが、資格取得時には新規雇用した従業員のマイナンバーが公
共職業安定所に届出されているかは不明なことが多いため、ほとん
どの場合、マイナンバーを入力して申請することになります。

　電子申請時、マイナンバーは入力必須項目とはされていません。
そのため、マイナンバー欄を空欄で電子申請してもエラーにはなり

ませんが、提出先から届出に関する連絡がきたり手続きが完了せず返戻のお知らせを受ける可能性があります。

マイナンバーの提出を拒否された等の理由がない限りは、マイナンバーを入力して電子申請を行うようにしましょう。

・取得区分

電子申請では、**取得区分が「再取得」の場合、雇用保険番号が入力必須項目**です。**雇用保険番号がわからない場合は「9999-999999-9」とダミーの数字を入れて電子申請を行いましょう。**

なお、令和5（2023）年6月以降、電子申請時に記載されている雇用保険番号が氏名、生年月日等と照会して正しくない場合には、システムによる自動チェックでエラーとなるよう改修が行われました。雇用保険番号が誤っている可能性により返戻の扱いとなった場合も、ダミーの数字「9999-999999-9」を入れて電子申請を再度行う形になります。

そのほか、**雇用形態や職種**については、紙の様式であれば裏面には記載要領があり、該当する数字の確認が容易ですが、電子申請の場合は、申請書の案内画面にある「**電子申請の御案内**」のファイル内に数字が記載されています。資料をダウンロードするなどして数字を確認・選択しましょう（**図14**）。

**図14**

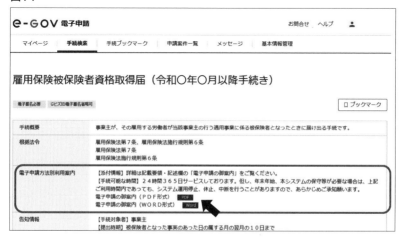

# ⬈健康保険・厚生年金保険　被保険者資格取得届

　健康保険・厚生年金保険被保険者資格取得届は、様式に記入して届出する場合、1枚の様式に最大4人まで記載をして届出することが可能です。電子申請では1人の手続きを行う**単記用**と4名には限られない複数人の手続きを行う**CSVファイル添付方式**（添付するCSVファイルは届書作成プログラムで作成）が用意されていることが特徴です。ここでは単記用の手続きについて紹介します。

## ●手続名

　健康保険・厚生年金保険被保険者資格取得届（単記用）

　（○○○○年○月以降手続き）※

※（○○○○年○月以降手続き）について
　複数の表示がある場合は、「最新年月」の手続きを選択してください。
　表示が1件の場合は、その年月の手続きを選択してください。

## ●検索方法

　e-Govアプリケーションにログイン後、手続検索画面で「**被保険者資格取得**」と入力し、「**検索**」をクリックすると、検索結果の一覧が表示されるので、「**健康保険・厚生年金保険被保険者資格取得届（単記用）（○○○○年○月以降手続き）**」を選択し、「**申請書入力へ**」から申請書入力画面へと進みます。船員保険の場合には、「**船員保険・厚生年金保険**」と記載のある手続きを選択します。

図15

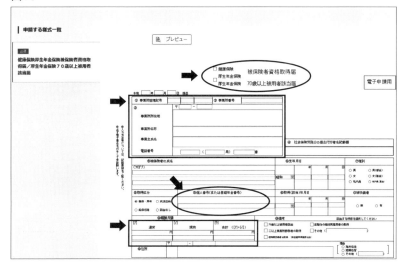

## ●申請データ入力

- 「健康保険　厚生年金保険　被保険者資格取得届」
  「厚生年金保険　70歳以上被用者該当届」のチェック

　70歳以上の従業員の届出の場合に「厚生年金保険　70歳以上被用者該当届」にチェックを入れ、それ以外の方の届出の場合には「健康保険　厚生年金保険　被保険者資格取得届」にチェックを入れます（図15）。**様式に記入するときにはチェックを入れることがないため、見落としてしまいがちです。**留意しましょう。

・事業所整理記号／事業所番号／事業所所在地等、事業所の情報を入力

　事業所に関連する項目は電子申請時の入力必須項目とされています。事業所整理記号や事業所番号は、年金事務所から送付される納入告知書などで確認することができます。

　事業所整理記号の一番左には「**都道府県コード**」（右表）と呼ばれる事業所所在地の都道府県に割り振られた数字を入力します。

　通常、事業所整理記号は、適用通知書や納入告知書においても「11―アアア」といった形で発行・記載されているため意識することはありませんが、電子申請の際は都道府県コード一覧を確認し、自社のコード入力を行いましょう。

### 都道府県コード一覧

| No. | 都道府県コード | 都道府県名 |
|---|---|---|
| 1 | 01 | 北海道 |
| 2 | 02 | 青森県 |
| 3 | 03 | 岩手県 |
| 4 | 04 | 宮城県 |
| 5 | 05 | 秋田県 |
| 6 | 06 | 山形県 |
| 7 | 07 | 福島県 |
| 8 | 08 | 茨城県 |
| 9 | 09 | 栃木県 |
| 10 | 10 | 群馬県 |
| 11 | 11 | 埼玉県 |
| 12 | 12 | 千葉県 |
| 13 | 21 | 東京都 |
| 14 | 31 | 神奈川県 |
| 15 | 32 | 新潟県 |
| 16 | 33 | 富山県 |
| 17 | 34 | 石川県 |
| 18 | 35 | 福井県 |
| 19 | 36 | 山梨県 |
| 20 | 37 | 長野県 |
| 21 | 38 | 岐阜県 |
| 22 | 39 | 静岡県 |
| 23 | 41 | 大阪府 |
| 24 | 42 | 兵庫県 |
| 25 | 51 | 愛知県 |
| 26 | 52 | 三重県 |
| 27 | 53 | 滋賀県 |
| 28 | 54 | 京都府 |
| 29 | 55 | 奈良県 |
| 30 | 56 | 和歌山県 |
| 31 | 57 | 鳥取県 |
| 32 | 58 | 島根県 |
| 33 | 59 | 岡山県 |
| 34 | 60 | 広島県 |
| 35 | 61 | 山口県 |
| 36 | 71 | 徳島県 |
| 37 | 72 | 香川県 |
| 38 | 73 | 愛媛県 |
| 39 | 74 | 高知県 |
| 40 | 75 | 福岡県 |
| 41 | 76 | 佐賀県 |
| 42 | 77 | 長崎県 |
| 43 | 78 | 熊本県 |
| 44 | 79 | 大分県 |
| 45 | 80 | 宮崎県 |
| 46 | 81 | 鹿児島県 |
| 47 | 82 | 沖縄県 |

・マイナンバー

　2018年3月以降、マイナンバーまたは基礎年金番号での届出が可能となり、現在は**原則としてマイナンバーを記載して届出すること**が求められています。

　なお、資格取得手続きでマイナンバーを記載して提出する場合、日本年金機構が住基ネットから住民票上の住所のデータを取得できるため、被保険者住所の記入を省略できます。住所を記載する必要があるのは「基礎年金番号を記載して届出を行った場合のみ」です。**「マイナンバーを入力しているのに住所が入力されている場合」や「基礎年金番号が入力されているのに住所が入力されていない場合」はエラーとなる**ので注意しましょう。

　また、マイナンバーは規則的な数字の羅列となっていますが、電子申請時にその規則にあった数字であるかのチェックは行われません。マイナンバーが正しい数字か、従業員からマイナンバーカードのコピーを提出してもらうなどして、しっかりと確認を行いましょう。

・通貨/現物/合計

　これらの項目は**すべて入力必須項目**です。**現物が0の場合も「0」と入力**しましょう。

# 📈 年度更新（労働保険料の申告）

　労働保険の年度更新は、年に１回、毎年６月１日～７月10日までに行う手続きです。労働者を雇用する全事業所が同じタイミングで届出することから、受付会場や受付窓口は混雑する傾向があります。

　「労働保険料の申告書作成の仕方がわからない」「申告書の記載はできたが、その内容が合っているかどうか不安」といった場合は、窓口で相談員に確認しながら手続きしたほうがよいですが、そうでなければ手続きに要する時間を大幅に短縮できる電子申請がおすすめです。

※令和５（2023）年度の年度更新の電子申請は、令和４（2022）年度の雇用保険料率の二段階変更により、例年とは異なる取扱いがあります。本稿ではイレギュラーな取扱いには触れず、例年どおりの申告方法について説明します。

---

**必要となる事前準備**

　年度更新の電子申請の特徴として、手元に労働局から送付された申告書原本が必要となります。電子申請を始める前に手元に用意をしておきましょう。また、申告にあたって「算定基礎賃金集計表の作成」を事前に行っておく必要があります。

---

## ●手続名
年度更新申告

## ●検索方法
　手続名称に「**年度更新**」と入力して検索しますが、

- 一元適用事業・二元適用事業（雇用保険の場合）
- 二元適用事業（労災保険の場合）

- 事務組合　末尾○

など、**選択するメニューは複数あり、選択間違いが多発しているので注意**してください。

年度更新には「**QA版**」と「**通常版**」の２パターンの電子申請方法が用意されています。どちらで申告を

| パターン | 入力方法 |
|---|---|
| QA版 | 質問項目に沿って回答を入力 |
| 通常版 | 申告書同様の画面が表示され、各項目欄に入力 |

しても問題はないので、担当者のやりやすいほうを選択しましょう。

ちなみに、QA版は上から順番に入力をしていくので、入力漏れは防ぎやすいでしょう。算定基礎賃金集計表から直接e-Govアプリケーション画面に転記していく場合も、QA版のほうが利用しやすいと思われます。

電子申請をする場合であっても、算定基礎賃金集計表の内容を確認しながら申告書原本に転記のうえ電子申請を行う場合は、通常版を利用したほうが、申告書原本と電子申請データ作成画面が同じ形となっているので利用しやすいでしょう。

なお、本稿の解説では「一元適用事業・二元適用事業（雇用保険の場合)」を選択します。

## ●申請データ入力

### ・労働保険料番号/アクセスコード

通常、手続検索画面から「申請書入力へ」に進むと申請データ入力画面となりますが、年度更新については申請データ入力画面の前に**労働保険番号**と**アクセスコード**を入力するための個別認証画面が表示されます（**図16**）。**申告書原本**を見ながら入力し、認証を行いましょう（**図17**）。

図16

図17

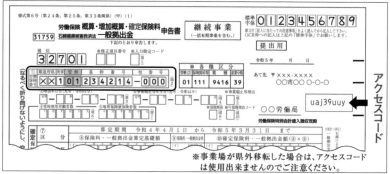

### ・「必要項目入力後、チェックしてください」のチェック

労働保険番号とアクセスコードを入力したら、算定基礎賃金集計表または申告書原本に記載している情報の転記のみとなります。

確定保険料額や概算保険料額などについては、最下部の「**必要項目入力後、チェックしてください**」にチェックを入れることで自動計算されます。自動計算された結果が**自社で計算したものと同じか**どうか確認を行いましょう（**図18**）。

**図18**

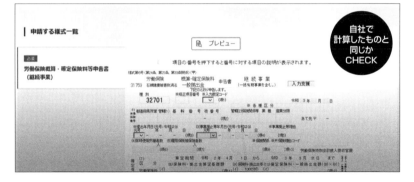

　e-Govアプリケーションによる年度更新の場合、「必要項目入力後、チェックしてください」をクリックしたタイミングで大体の確認作業が完了するため、申請後にエラーが生じることは、あまりありません。年度更新では、自社の人員数や保険料額の確認など、**申請までの過程が大切**といえるかもしれません。

## COLUMN

### 年度更新の電子申請はいつでもできるわけではない

　年度更新の電子申請は6月1日〜7月10日までに手続きをするものであることから、検索結果は6月〜7月の間のみ表示されます（表示期間の詳細は公開されていません）。7月10日以降に検索結果に出てこない場合、電子申請での手続きはできません。郵送もしくは窓口で手続きをすることになります。

# ⚡ 時間外労働・休日労働に関する協定届（36協定）

原則として、手続きを様式で行うか電子申請で行うかを問わず、記載（入力）要領は同じですが、**時間外労働・休日労働に関する協定届（36協定）**は、様式で行う手続きと若干、記載方法が異なります。

## ●手続名
時間外労働・休日労働に関する協定届

## ●検索方法

e-Govアプリケーションログイン後、手続検索画面で**「時間外労働」**と入力し**「検索」**をクリックすると、検索結果の一覧が表示されるので、**「時間外労働・休日労働に関する協定届（○○○○）」**を選択し、**「申請書入力へ」**から申請書入力画面へと進みます。選ぶ申請書は、

- 適用猶予事業なのか否か
- 各事業場単位による届出なのか本社一括での届出なのか
- 一般条項のみの届出か特別条項付きの届出なのか

などにより異なるので、自社の行う手続きを選択しましょう。

なお、本稿の解説では「休日労働に関する協定届（各事業場単位による届出）（特別条項付き）」を選択のうえ解説します。

## ●申請データ入力
・時間外労働をさせる必要のある具体的自由／業務の種類

様式に記入する場合は自由記載ですが、電子申請では**プルダウン**

図19　電子申請画面

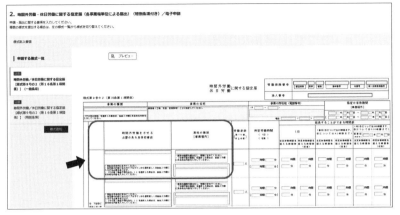

で選択するようになって
います（**図19**）。

様式

　プルダウン内に適した
選択肢がある場合は、そ
ちらを選択しましょう。
**適した選択肢がない場合
は「その他」を選択し、下部のテキストボックスに詳細を記入**します。

・署名欄

　2021年4月より、36協定届についても労働者代表・使用者の押印と署名が不要となりました。しかし、協定届を協定書と兼ねる場合は、署名または記名・押印が必要とされています。

　電子申請の場合、署名や記名・押印ができません。電子申請で届出を行う場合には別途、**労使協定を締結し、そちらに署名または記名・押印をしてもらい保存**を行いましょう。

なお、電子申請では、署名または記名・押印された協定書を添付することは求められていません。協定届のみ電子申請することで問題ありませんが、労使協定は常時、各事業場の見やすい場所へ掲示もしくは書面の交付等により労働者への周知を行いましょう。

### ・申請する様式一覧

　申請データ入力画面の左側に、入力中の様式一覧が表示されます。表示中の様式だけで項目数が足りない場合は、この欄にある「**様式追加**」ボタンをクリックすることで様式の追加が可能です。

　なお、電子申請の送信が完了し到達した場合、その後に申請内容の不備により受理されずに返戻に至ることはあまりありません。手続完了も比較的早く、翌日には公文書が発行されることもあります。

　時間外労働・休日労働に関する協定届（36協定）が電子申請に対応したのは、ここ数年のことです。電子申請開始当初は、手続きが完了した際の控え文書が発行されなかったことから、「手続きをした記録が残せないことに抵抗感がある」といった理由で、電子申請

---

#### 36協定は保存データが活用できる手続き！

　社会保険関係手続きでは、無事に完了した手続きについて、翌年に同じデータを使って再度手続きするようなケースは、基本的にはありません。そのため、保存データを活用する機会は非常に少なく、「保存データ＝エラーになった場合のリスクアセスメントのような位置づけ」になります。

　しかし、「時間外労働・休日労働に関する協定届（36協定）」の場合は、翌年においても協定内容に修正箇所がないこともあります。この場合は保存データを読み込み、必要箇所（有効期間や人数など）のみ変更すれば事足ります。「時間外労働・休日労働に関する協定届（36協定）」は入力項目が比較的多い手続きですから、保存データを活用し、作成時間の短縮を図るとよいでしょう。

を行う企業は少数派でした。

　現在では手続きが完了すると、受付印が押された控文書が公文書として発行されるよう改修されたため、近年、電子申請で手続きを行う企業が増えています。

　当然ながら、控文書は忘れずに保存をしておきましょう。

## COLUMN

### ぜひ活用したい「電子申請アドバイザー」

　年度更新の書類とともに送付される「電子申請アドバイザー」の案内資料を見たことはあるでしょうか？

　年度更新の電子申請は、一定規模以上の法人等で義務化されていることから、行政による電子申請の推進が図られています。

　その推進策の1つが「電子申請未利用事業場アドバイザー事業」です。同事業では、申し込みのあった事業場に対し、電子申請アドバイザーによる訪問やオンラインでの対応で、労働保険の電子申請に関する説明や初期設定、申請方法の実演等を行います（筆者も、かつて電子申請アドバイザーとして企業サポートをしたことがあります）。

　こうした事業は将来的にずっと存続するとは限りませんが、当面は継続されることが予想されます。費用もかかりませんから、前向きに活用を検討してみましょう。

# 5 活用しよう 届書作成プログラム

届書作成プログラムで電子申請できる手続きの数は限られていますが、複数人のデータ作成と申請ができる点が大きな特徴。e-Govを使った電子申請では活用すべきプログラムとなっています。第2章のおさらいもしながら、届書作成プログラムの活用法を見ていきましょう。

 **P O I N T**

☑ 届書作成プログラムは複数人の電子申請手続きをまとめてできる

☑ e-Gov電子申請を利用する場合であっても、一部の手続きは届書作成プログラムで電子申請データ作成をする必要がある

☑ データ登録には「ターンアラウンドCD」を活用しよう

# ⬈届書作成プログラムとは

届書作成プログラムとは、**年金機構ホームページから無料でインストールができるアプリケーション**です。

第2章の38ページで、「電子申請できる手続きが限られているため、届書作成プログラムを中心に電子申請を行っている方は少ない」と述べました。確かに、届書作成プログラムで電子申請できる手続きは、以下のように非常に限られています。

**届書作成プログラムで電子申請できる手続き**

| | |
|---|---|
| 健康保険・<br>厚生年金保険 | 被保険者 資格取得届　70歳以上被用者該当届<br>健康保険 被扶養者（異動）届　国民年金 第3号被保険者関係届<br>被保険者 資格喪失届　70歳以上被用者不該当届<br>被保険者 報酬月額算定基礎届　70歳以上被用者算定基礎届<br>被保険者 報酬月額変更届　70歳以上被用者月額変更届<br>被保険者 賞与支払届　70歳以上被用者賞与支払届<br>産前産後休業取得者申出書／変更（終了）届<br>育児休業等 取得者申出書（新規・延長）／終了届 |
| 雇用保険 | 被保険者資格取得届<br>被保険者資格喪失届<br>被保険者転勤届<br>個人番号登録・変更届 |

ただし、先述の解説で「少ない」としたのは、「届書作成プログラムで電子申請の**送信まで行っている方は少ない**」という意味であり、実務の現場では、**「電子申請データを届書作成プログラムで作成し、e-Govアプリケーションで送信」**というケースが一般的です。

なぜなら、通常、電子申請では1回の手続きで1人の申請しか行えないところ、届書作成プログラムでは**複数人まとめての電子申請データの作成と申請が可能**だからです。

　具体的には、届書作成プログラムで作成した複数人の電子申請データを、e-Govアプリケーションで電子申請するときに添付のうえ、申請を行うことができます（**CSVファイル添付方式**）。

　入社する社員が多い春先などにおいて、データ作成から送信にかかる時間を大幅に短縮できるため、活用すべき機能といえます。

　また、e-Govアプリケーションを利用している場合であっても、下表に示した一部手続きは「**CSV添付ファイル方式のみ届出可能**」となっているため、この場合も届書作成プログラムが必要になります。

**「届書作成プログラム」を利用して電子申請データを作成する手続き**

| 健康保険・<br>厚生年金保険 | 被保険者報酬月額算定基礎届　70歳以上被用者算定基礎届<br>被保険者報酬月額変更届　70歳以上被用者月額変更届<br>被保険者賞与支払届　70歳以上被用者賞与支払届 |
| --- | --- |

　被保険者報酬月額算定基礎届や被保険者賞与支払届については、多くの場合、数名から数十名の手続きをすることになりますが、持参・郵送で手続きする場合、年金事務所から届く様式に手書きで記載して届出を行うことになります。

　算定基礎届については、3か月間の報酬額や平均報酬額など、申請書に記載する内容が少量とはいえず、年に1度のこととはいえ、手続対応に時間を要していることでしょう。

　このような煩雑な手続きこそ電子申請は威力を発揮します。

　届書作成プログラムは電子申請の送信までできる独立したプログ

ラムですが、e-Gov電子申請をする場合においても十二分に活用
できるプログラムといえます。

　届書作成プログラムを利用して、e-Gov電子申請で行える手続
きの幅を広げていきましょう。

## ⚐届書作成プログラムの推奨環境

　届書作成プログラムは、Windows10およびWindows11で動作
確認を行っていることから、届書作成プログラムを利用するパソコ
ンについても、いずれかのOSを利用することが推奨されています。

　推奨されていない環境であってもインストール等を行うことはで
きますが、操作箇所によって正常に作動しない可能性もあるので、
**極力、推奨された環境を利用しましょう。**

## ⚐届書作成プログラムのインストール方法

　届書作成プログラムは、年金機構ホームページから無料でインス
トールができます。検索エンジンで「**日本年金機構　届書作成プロ
グラム**」と検索すると該当ページへアクセスできます。

　インストール方法の詳細についても、同ページにマニュアルがあ
るので、そちらを参照しながらインストールを行いましょう。

## ⚡ 届書作成プログラムのデータ登録方法

　届書作成プログラムをパソコンにインストールしたら、まず**事業所データや被保険者データを登録**しておきましょう。届書作成プログラムはe-Govアプリケーションと異なり、登録した事業所データや被保険者データを「マスターデータ」として保存できるからです。

　こうした事前準備をしておくことで、実際に手続きが発生したタイミングでは、手続独自で必要なデータを入力するだけで済み、よりスムーズに手続きを進めることができます。

　届書作成プログラムインストール後、初めて起動し「**届書の作成(M)**」をクリックすると、初期設定ウィザードが表示され、届書作成プログラムを使用するうえで必要となる「**1. 管理情報設定**」「**2. 事業所情報設定**」、事業所が健康保険組合や厚生年金基金に加入している場合には、それらに加え「**3. 健康保険組合情報設定**」「**4. 厚生年金基金情報設定**」の登録を促されます。

| 必要情報 | 確認（準備）書類 |
|---|---|
| **事業所整理記号　事業所番号** | 適用通知書または納入告知書<br>納付書・領収証書 |
| **雇用保険適用事業所番号** | 雇用保険適用事業所設置届事業主控<br>各種雇用保険手続控 |
| **事業所番号**　※健康保険組合加入の場合 | 適用通知書など |
| **基金番号**　※厚生年金基金加入の場合 | 適用通知書など |

　これらの情報がうろ覚えの場合は、確認書類を手元に置いてから初期設定の登録をするとよいでしょう。

なお、登録した情報は、**登録後の修正が可能**です。初期設定ウィザードは届書作成プログラムの初回起動時にのみ起動されるものなので、修正したい場合は、届書作成画面左下の「**初期情報を設定する**」の各項目から修正を行いましょう（**図20**）。

図20

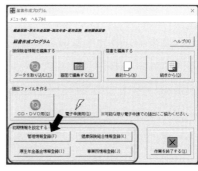

初期情報の登録が終わったら、被保険者データを登録します（**図21**）。登録方法は下記のように3種類あるので、いずれかを選択してデータを登録していくことになります。

図21

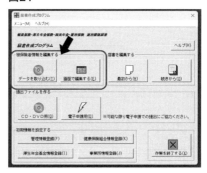

| 被保険者データ登録方法 | 特徴 |
|---|---|
| **画面編集** | 自社内で把握している被保険者情報をすべて手入力する方法<br>今現在自社で把握している従業員情報の登録が可能<br>入力作業に時間がかかる |
| **ターンアラウンドCD<br>データ取り込み** | 日本年金機構から送付されるターンアラウンドCDを取り込む方法<br>入力作業が省けるため、時間がかからない<br>取り寄せまでは数日かかる<br>ターンアラウンドCD作成時点の被保険者情報のため、最新情報とは限らず、新入社員の情報については別途手入力が必要 |
| **CSVデータ<br>取り込み** | 使用している業務ソフトまたは自身で作成したCSVファイルを取り込む方法<br>入力作業は省けるが、CSVファイルの作成には時間を要する場合があり、また、CSVファイル作成時点の従業員（被保険者情報）となる |

被保険者が数人分であれば、入力したほうが最短でデータ登録ができます。しかし、人数は少ないけれど**入力ミスを少しでも減らしたい場合**や、**登録する被保険者情報が多い場合**は、データを取り込み、足りない情報があれば取り込み後に入力していくとよいでしょう。

業務ソフトを利用している場合は、登録している個人情報のCSVデータ作成機能が備わっていることがあるので確認してみてください（自身でCSVデータを作成するのは入力するのと変わらないので控えましょう）。

データ取り込みについて、業務ソフトを利用していない場合、筆者は次に解説するターンアラウンドCDの活用をおすすめします。

# ↗ターンアラウンドCDとは

ターンアラウンドCDとは、日本年金機構から提供される、**日本年金機構に登録のある被保険者情報が収録されたCD**を指します。収録されている被保険者情報は下表のとおりです（申込方法は次項で述べます）。

なお、ターンアラウンドCDは**届書作成プログラムでのみ読み込み可能**ですから、他のプログラム等で利用することはできません。

**ターンアラウンドCD収録内容**

| | | | |
|---|---|---|---|
| 事業所整理記号 | 事業所所在地 | 被保険者生年月日 | 従前の改定年月 |
| 事業所番号 | 事業所電話番号 | 被保険者種別（性別） | 70歳以上被用者該当有無 |
| 郵便番号 | 被保険者整理記号 | 基礎年金番号 | 二以上勤務該当有無 |
| 事業所名称 | 被保険者氏名（カナ） | 従前標準報酬月額（健保） | 短時間労働者該当有無 |
| 事業主氏名 | 被保険者氏名（漢字） | 従前標準報酬月額（厚年） | |

※1　基礎年金番号は、70歳以上被用者の場合にのみ収録
※2　従前の標準報酬月額（健保／厚年）および従前の改定年月については、賞与支払届提出用のターンアラウンドCDには未収録

# ↗ターンアラウンドCDの利用申込方法

ターンアラウンドCDは下記の3種類があります。

| 種類 | 発送時期 | 被保険者情報 |
|---|---|---|
| 算定基礎届提出用 | 6月中旬 | 5月19日時点の被保険者情報 |
| 賞与支払届提出用 | 賞与支払予定月の前月 | 賞与支払予定月の前々月の20日頃の被保険者情報 |
| 随時用 | 随時（申し込み後） | 請求時点の被保険者情報 |

発送時期やどの時点の被保険者情報が収録されているかは、それぞれ異なりますが、前ページ下表のデータが収録されています。

申込方法は、下表のように、算定基礎届提出用・賞与支払届提出用を受け取りたい場合と随時用を受け取りたい場合とで異なります。

| 種類 | 申込方法 |
|---|---|
| 算定基礎届提出用 賞与支払届提出用 | 「健康保険・厚生年金保険事業所関係変更（訂正）届」を管轄の年金事務所に提出 |
| 随時用 | 管轄の年金事務所に問い合わせて請求 |

**算定基礎届提出用や賞与支払届提出用は、一度申し込めば、その後は何もせずとも定期的に送付されます。**ターンアラウンドCDでデータ取り込みをしたい場合は申し込むとよいでしょう。

---

### ターンアラウンドCDに収録されているデータが間違っていたら

「送付されてきたターンアラウンドCDのデータが間違っている！」ということがまれにあります。

このような場合、届書作成プログラム上でデータを訂正して電子申請を行うことになりますが、それはあくまで「その場限りの訂正」であり、日本年金機構に登録されている被保険者情報が変更されるわけではありません。誤りを発見した場合は管轄の年金事務所に問い合わせ、対応方法を相談しましょう。

なお、紙様式「健康保険・厚生年金保険事業所関係変更（訂正）届」の「⑱算定基礎届媒体作成」および「⑳賞与支払届媒体作成」欄の「2．必要（電子媒体）」に○を付けて提出することでも申し込むことができます（図22）。この手続きも電子申請できるので、当該手続きをする際に申し込むこともできます。

図22

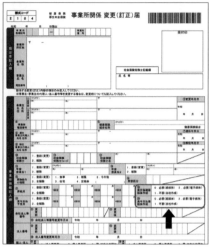

# ⚡ 届書作成プログラムの申請データ作成方法

届書作成プログラムでCSVデータ作成が必要な手続きが発生したら、届書作成画面の右上、「届書を編集する」のメニューから申請データの作成を行います（図23）。

図23

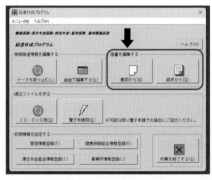

届出をはじめから作る場合は、「最初から（N）」から申請データ作成へと進み、作成したい届書タブを選択し、追加を押すと申請データ詳細登録画面へと切り替わります。

届書作成プログラムのデータ登録は、e-Govアプリケーションとは異なり、フォーム上でデータを入力していく流れとなります。

図24

**入力内容に不備があると登録時にメッセージが表示**され、入力漏れを防ぐことができるようになっているので、安心してください。

申請データを入力し終えたら、ファイルメニュー「**名前を付けて保存**」からデータを保存して申請データの作成は完了です。

保存データを修正し新たに保存する場合は「**上書き保存**」から保存します（**図24**）。

**保存していない状態で画面を閉じると入力データが消えてしまうので要注意**です。申請データを修正したい場合も、この保存データを利用して修正します。

申請データが作成できたら、届書作成画面の中央「**電子申請用(Q)**」から**電子申請用のファイルに変換**します（次ページ**図25**）。届書作成プログラムで作成したデータをe-Govで利用する場合、こ

のように電子申請用ファイルを作成し、作成されたフォルダ内にあるCSVファイルを添付して申請を行う形になります。

図25

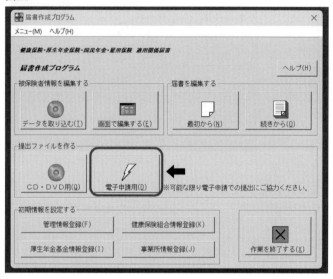

電子申請用ファイルを作成すると「**CSV形式届書総括票**」画面が現れます。総括票の記載内容はe-Govアプリケーションで電子申請する際に入力が必要となるので、**PDF形式で出力（ダウンロード）し、CSVデータと同じフォルダに保存**しておきましょう。

---

**届書を編集するボタンが押せないときは**

初期情報の管理情報登録がされていないと、「届書を編集する」にあるボタンは押せないようにグレーアウトする（項目や文字入力欄がグレー色で表示され、項目の選択や文字入力ができない状態）ようになっています。管理情報登録がされていないことが考えられるので、確認を行いましょう。

---

# ✍届書作成プログラムのよくある質問

## ●届書作成プログラムのインストールは各パソコン（PC）で必要？

　届書作成プログラムを利用する**各PCにインストールする**必要が
あります。

## ●登録したデータを他のPCと共有することはできる？

　インストールと同様に各PCでデータ登録も必要です。同じデー
タであっても、それぞれにデータ登録するのは少し不便な点かもし
れません。**複数台のPCで利用する際はターンアラウンドCDを利
用して登録作業を軽減する**ことが望ましいといえます。

## ●PCの入れ替え時にデータの移行はできる？

新しいPCに届書
作成プログラムをイ
ンストール後、古い
PCにある**右記ファ**

| 保存場所 | ○○○:¥ShakaiHoken¥ShFdtdk¥exe |
|---|---|
| ファイル | shfdt001.jks　shfdt003.jks　shfdt004.jks　shfdt006.jks、<br>shfdt007.jks　shfdt010.jks　shfdt.ini |
| 保存場所 | ○○○:¥ShakaiHoken¥ShFdtdk¥dat |
| ファイル | すべてのファイル |

**イルを新しいPCにあるファイルに上書きすることで移行可能**です。
　ShakaiHokenフォルダごとコピーを行い、新しいPCの任意の
場所に保存（届書作成プログラムの既定インストール先はC:¥Program
Filesとなっているので、そこへの保存を推奨）することによる移行も可
能ですが、古いPCにインストールされている届書作成プログラム
が古いバージョンの可能性もあるので、新しくPCを購入した場合
は、**日本年金機構のホームページから最新版をインストールし、必
要なファイルのみ古いPCから上書き**しましょう。

第**4**章

# 電子申請のエラーを
# 攻略しよう

「電子申請のエラーはわかりにくい」という声をよく聞きます。
ここでは、よくあるエラーと、その解消法を解説します。
誰もが通る道です。もし出てしまっても、諦めないでください！

# e-Govでよくある
# 申請エラー

電子申請には様々な種類のエラーがありますが、同じような箇所で
エラーが起きている担当者の方が多いです。電子申請のエラーは誰
もが通る道。いわば「電子申請の洗礼」みたいなものかもしれませ
ん。ここでは、よくあるエラーの内容を見ていくことにします。

 **POINT**

☑ 電子申請エラーによる手続きの失敗は「電子申請の洗礼」の
　ようなもの
☑ エラー対策として「よくあるエラー」を知っておこう

# ⌇雇用保険被保険者資格取得届

　雇用保険被保険者資格取得届では、**被保険者番号に関するエラー**や**外国籍の方の申請時の入力・選択に関する相関エラー**が多いです。

　また、時間数を入力する欄に**規定値以上（以下）の数字**が入っていることで発生するエラーもあります。

----------------------------------------

- ●エラー項目　被保険者番号／被保険者番号４桁
  被保険者番号／被保険者番号６桁
  被保険者番号／被保険者番号ＣＤ
- ●エラー内容

> この項目に値を入力する必要はありません。

### 原因および対処法

　取得区分で「**1新規**」を選択している場合に、被保険者番号を入力していることが考えられます。取得区分が新規の場合、**被保険者番号は空欄**にしましょう。

----------------------------------------

- ●エラー項目　被保険者番号／被保険者番号ＣＤ
- ●エラー内容

> 未入力のままになっている必須入力項目があります。

### 原因および対処法

　取得区分で「**2再取得**」を選択している場合に、被保険者番号が入力されていないことが考えられます。取得区分「**2再取得**」を選択した場合には、**被保険者番号を入力**して申請しましょう。被保険者番号が**不明の場合は「9999-999999-9」を入力**しましょう。

----------------------------------------

- ●エラー項目　被保険者氏名ローマ字
- ●エラー内容

> 未入力のままになっている必須入力項目があります。

## 原因および対処法

　被保険者が外国人の場合の手続きで、被保険者ローマ字氏名が入力されていないことで発生します。国籍・地域や在留資格など、外国籍に関する他情報が入力・選択されている場合には、**被保険者氏名（ローマ字）も必須入力項目**となります。

- ●エラー項目　在留資格
- ●エラー内容

> 未入力のままになっている必須入力項目があります。

## 原因および対処法

　被保険者が外国人の場合の手続きで、在留資格が選択されていないことで発生します。在留資格は、被保険者氏名（ローマ字）や在留カード番号など、外国籍に関する他情報が入力されている場合には入力必須項目となります。**在留資格を確認し、項目から選択しま**しょう。

● エラー項目　国籍_地域

● エラー内容

> 未入力のままになっている必須入力項目があります。

**原因および対処法**

　**被保険者が外国人の場合**の手続きで、国籍・地域が選択されていないことで発生します。国籍・地域は、在留資格同様に被保険者氏名（ローマ字）や在留カード番号など、外国籍に関する他情報が入力されている場合は入力必須項目となります。**国籍・地域を選択し**ましょう。

● エラー項目　１週間の所定労働時間／時間

● エラー内容

> この箇所に入力可能な値よりも小さな値が入力されています。入力した内容を再度確認してください。

**原因および対処法**

　**１週間の所定労働時間数の時間の部分の値に問題がある場合**に発生します。１週間の所定労働時間数の時間部分に**入力可能なのは20～99の数値**です。時間数を確認しましょう。

　また、１週間の所定労働時間の**分数部分に入力可能な数値は０～59**なので、そちらも併せて確認をしておきましょう。

- ●エラー項目　事業所番号／事業所番号CD
- ●エラー内容
  | 指定可能な文字以外が指定されています。 |

**原因および対処法**

事業所番号に**使用不可な文字が入力されている場合**に発生します。**数値以外が入力されていないか確認**しましょう。

---

- ●エラー項目　契約期間の定めの有無／契約期間の定め有
  　　　　　　　／契約期間終了
- ●エラー内容
  | 正しい日付が入力されていません。 |

**原因および対処法**

契約期間の定めがある場合の**契約期間終了年月日の日付が不正の場合**に発生します（契約期間開始の日付が不正の場合はエラー項目が契約期間"**開始**"となります）。

契約期間に入力可能な数値は**年部分1〜99・月部分1〜12、日部分1〜31**となっています。期間の数値が合っているか確認をしましょう。

---

雇用保険被保険者資格取得届のエラーは、修正箇所が比較的わかりやすいものが多いです。被保険者番号欄と取得区分の相関について、しっかりと覚えておきましょう。

# ↗ 健康保険・厚生年金保険被保険者資格取得届

　健康保険・厚生年金保険被保険者資格取得届は入力箇所が少ないこともあり、エラーが起きること自体が少ない手続きです。エラーが起きる場合は、下記のエラーが多数を占めいています。

----

● エラー項目　氏名

● エラー内容　| 指定可能な文字以外が指定されています。 |

### 原因および対処法

　氏名にe-Gov電子申請で利用できない文字が入力されていることが考えられます。「髙」などの**機種依存文字**などが入力されていないか確認しましょう。入力されていた場合は違う文字に置き換えて申請を行い、正しい氏名がわかる資料（メモなどで可能）を添付して電子申請を行いましょう。

----

● エラー項目　氏名

● エラー内容　| 全角スペースがないか、文字列の前もしくは後ろに全角スペースが入っています。 |

### 原因および対処法

　**氏名の間に全角スペースが入力されていない**、もしくは**半角スペースになっている**ことに起因するケースが多いですが、まれに氏名の名の後ろに予期せずスペースを入れてしまっていることもあります。目視でわかりにくい部分ではあるので、**一度、氏名欄をクリアして再入力**することがおすすめです。

----

●エラー項目　住所フリガナ

●エラー内容

指定可能な文字以外が指定されています。

**原因および対処法**

　フリガナ欄に**全角カタカナ以外が入力されている**ことが考えられます。フリガナ欄には**アルファベットや記号・半角カタカナは利用できません。**それらが入力されていないか確認しましょう。

- - - - - - - - - - - - - - - - - - - - - - - - - - - - - - - - - - - -

●エラー項目　事業所番号（1ページ目）

●エラー内容

整数部の桁数が入力可能な桁数を超えています。
整数部分の桁数を入力可能な桁数に修正してください。

**原因および対処法**

　**事業所番号は5桁が最大値**です。事業所番号を確認しましょう。また、**事業所整理記号は、都道府県コードは2桁、都市区記号および事業所記号は4桁が最大値**なので併せて確認しましょう。

- - - - - - - - - - - - - - - - - - - - - - - - - - - - - - - - - - - -

　健康保険・厚生年金保険被保険者資格取得届は、手続きをすることで被保険者証が発行されます。エラーになった場合、再度申請することになるため、被保険者証の発行もその分、遅くなる可能性があります。

　**エラーのほとんどは「指定不可の文字が入力されている」**もしくは**「氏名の全角スペースがないか、文字列の前もしくは後ろに全角スペースが入っている」**です。覚えておきましょう。

# ⚡ 年度更新（労働保険料の申告）

労働保険の手続きを行う頻度は少ないですが、年に一度、必ず行う必要のある「年度更新（労働保険料の申告）」を電子申請で行っている会社は少なくありません。年度更新で起こるエラーは項目が様々でも、原因は同じであることが多いです。見ていきましょう。

● エラー項目　労働保険番号

● エラー内容

> 労働保険番号申請データの形式チェックでエラーが発生しました。労働保険番号が正しくありません。郵送した申告書を参照してください。

### 原因および対処法

電子申請データに入力した**労働保険番号が申告書（原本）に印字してある労働保険番号と異なっている場合**に発生します。労働局から郵送された申告書（原本）を確認し労働保険番号を入力しましょう。

---

● エラー項目　確定保険料算定内訳の労災保険分の保険料率

● エラー内容

> 確定保険料算定内訳の労災保険分の保険料率申請データの形式チェックでエラーが発生しました。確定保険料算定内訳の労災保険分の保険料率が正しくありません。郵送した申告書を参照してください。

### 原因および対処法

電子申請データに入力した**確定保険料の労災保険料率が申告書（原本）に印字してある料率と異なっている場合**に発生します。労働局から郵送された申告書（原本）を確認し確定保険料算定内訳の労災保険分を入力しましょう。

● エラー項目　一般拠出金料率
● エラー内容
> 一般拠出金の拠出金率申請データの形式チェックでエラーが
> 発生しました。一般拠出金の拠出金率が正しくありません。
> 郵送した申告書を参照してください。

### 原因および対処法

　電子申請データに入力した**一般拠出金の料率が申告書（原本）に印字してある料率と異なっている場合**に発生します。労働局から郵送された申告書（原本）を確認し一般拠出金の料率を入力しましょう。

　上記３つのエラーは、項目は異なりますが、**エラー原因はすべて「申告書原本と情報が異なること」**です。

　この３項目以外においても、労働局から郵送されてきた申告書原本に印字がされている項目については、同様の原因でエラーになる可能性があります。

　**年度更新の電子申請**の場合、「労働局から郵送されてくる申告書原本に印字されている情報については、同じ値を電子申請で入力しなくてはならない」というポイントがあります。この仕様は、年度更新のみの仕様となっています。**申告書と異なる値を入力する必要がある場合には電子申請が行えません。**

　しかし、**これらのエラーはe-Govアプリケーションで電子申請する場合には発生しません。**

e-Govアプリケーションで電子申請する場合、労働保険番号や
アクセスコードを入力することで申告書に記載されている情報につ
いては、自動で電子申請データ作成画面に反映され、労働保険番号
や料率については編集ができないようになっているからです。

「郵送した申告書を参照してください。」といった表示のエラーが
起きるのは、業務ソフトを利用して電子申請している場合のみとい
っていいでしょう。

では、ここからは「申告書原本と情報が異なる」以外で起きるエ
ラーについてもいくつかご紹介します。

- ●エラー項目　労災保険概算保険料額・雇用保険概算保険料額
- ●エラー内容

> 概算保険料算定内訳の労災保険分の概算保険料額申請データ
> の形式チェックでエラーが発生しました。労災保険と雇用保
> 険の保険料算定基礎額が同額の場合、労災保険分の概算保険
> 料額、雇用保険分の概算保険料額のいずれにも入力しないで
> ください。

## 原因および対処法

労災保険と雇用保険の概算保険料額が同額の場合に、**いずれにも
数字が入力されている場合**に発生します。**労災保険料と雇用保険料
の概算保険料額が同額の場合、申告書は労働保険料欄の概算保険料
額欄にのみ記載し**、申請を行いましょう。

● エラー項目　延納の申請

● エラー内容
> 納付回数申請データの形式チェックでエラーが発生しました。労災保険、雇用保険の両方に加入している事業で、労働保険料の概算保険料が40万円未満の場合、納付回数を入力しないか「1」を入力してください。

### 原因および対処法

　延納できないケースなのに**納付回数を「3」としている場合**に発生します。3回に分けて納付できるのは、**概算保険料の総額が40万円以上**（労災保険または雇用保険のどちらか一方のみ成立している場合は20万円以上）**のときのみ**です。納付回数を確認しましょう。

---

● エラー項目　加入している労働保険

● エラー内容
> (26)「加入している労働保険」の「労災保険」、「雇用保険」の両方もしくはいずれかのチェックボックスをチェックしてください。

### 原因および対処法

　加入している労働保険欄の**労災保険・雇用保険のいずれにもチェックが入っていない場合**に発生します。チェックボックスタイプの項目は入力が漏れやすい項目なので注意が必要です。

---

　電子申請は申請を行うだけですから、保険料の計算方法が合っているか等の確認をすることはできません。窓口に持参した場合、間違いを指摘してもらえることもありますが、電子申請ではそうしたことがない分、窓口に持参するとき以上にチェックが大切になります。

# ↗電子証明書関連

電子証明書に問題がある場合、電子署名を行うすべての手続きがエラーとなりますが、**その大半は証明書の有効期限切れによるもの**です。

なお、エラー内容欄には、エラーとなった電子証明書の氏名が表示されます。複数の証明書を利用している場合で、どの証明書で手続きをしたか失念した際は、エラー内容欄を確認しましょう。

----------------------------------------

●エラー項目 ──

●エラー内容

> 証明書の有効期限が切れているため、受け付けられない証明書です。

### 原因および対処法

**証明書の有効期限が過ぎている**ためのエラーです。電子証明書の更新を行いましょう。

----------------------------------------

● エラー項目 ──

● エラー内容

> e-Gov電子申請で利用できない証明書が選択されているか、または利用可能な証明書の有効性を検証できませんでした。電子署名に利用する証明書を再度確認してください。e-Gov電子申請で利用可能な証明書を選択している場合は、しばらく時間をおいてから再度お試しください。

## 原因および対処法

　選択した電子証明書が、何らかの原因で利用できなかったことが考えられます。e-Gov側で処理がうまくされなかっただけの場合もあるので、直前まで問題なく使えていた際は、時間をおいて再申請してみましょう。時間をおいてもエラーになる場合は、電子証明書の発行元またはe-Govサポートセンターに問い合わせをします。

● エラー項目 ──

● エラー内容

> 電子署名に利用しようとした証明書が失効されています。ご利用の電子証明書を発行した認証局へ問合せいただき、証明書の状態を確認してください。

## 原因および対処法

　申請に利用した電子証明書の有効期間は残っているけれど、**個人情報や会社情報の変更等により証明書の再発行をしている場合**などに発生します。原因がわからない場合は、電子証明書の発行元またはe-Govサポートセンターに問い合わせをします。

- ● エラー項目 ――――
- ● エラー内容

> 証明書検証に失敗しました。
> しばらく時間をおいてから再度お試しください。

## 原因および対処法

電子証明書自体に問題はないですが、**e-Gov側との通信に不具合があった場合**に発生します。時間をおいて再申請してみましょう。

電子証明書に関するエラーは、「有効期限が切れている」といった原因であれば、どのように対応したらいいかわかりますが、「自身で原因を突き止めることができない」「どのように対応したらいいかわからない」といったケースも多数あります。

電子申請に関することなので、e-Govサポートセンターに問い合わせを行いがちですが、電子証明書に関するエラーについてはe-Govサポートセンターに問い合わせを行う前に、**まずは発行元に問い合わせを行うことで迅速に解決ができる可能性が高いこと**を覚えておきましょう。

第4章　電子申請のエラーを攻略しよう

# ⚡申請者情報／連絡先情報

　e-Govアプリケーションを利用して電子申請を行っている場合、必須項目を入力していないと申請者情報や基本情報が登録できないようになっています。そのため、申請者情報や連絡先情報でエラーが起きるのは「業務ソフトを利用して電子申請をしている場合のみ」といってもよいでしょう。

　エラー内容を見て、「こんなところで間違えることなんてあるの？」と思う方もいるかもしれませんが、業務ソフトを利用した電子申請時に、申請者情報や連絡先情報でエラーになっている方は多いです。

---

● エラー項目　申請者情報住所

● エラー内容
> 申請データの形式チェックでエラーが発生しました。申請者情報の住所に都道府県が入力されていないか、郵便番号との整合性がありません。

### 原因および対処法

　**住所欄に都道府県名が入力されていないケースが大多数**です。郵便番号が間違っていることもあるので、併せて確認を行いましょう。

---

● エラー項目　申請者情報郵便番号

● エラー内容
> 申請者情報の郵便番号に対応する住所が存在しません。

### 原因および対処法

　**入力した郵便番号が存在しない番号の可能性**があります。郵便番号に入力誤りがないか確認しましょう。

---

● エラー項目　申請者情報氏名

● エラー内容

> 申請データの形式チェックでエラーが発生しました。申請者情報について、全角スペースが氏名の姓と名の間にないか、前もしくは後ろに入っています。姓名の間に全角スペースを入力して下さい。

**原因および対処法**

　氏名の間に全角スペースが入力されていない、もしくは**半角スペースになっている**ことが原因として多いですが、まれに**氏名の名の後ろに予期せずスペースを入れてしまっている**こともあります。目視でわかりにくい部分ではあるので、**一度、氏名欄をクリアして再入力**することがおすすめです。

● エラー項目　連絡先情報法人団体フリガナ

● エラー内容

> 基本情報入力法人団体名フリガナ申請データの形式チェックでエラーが発生しました。指定可能な文字以外が指定されています。

**原因および対処法**

　法人団体名フリガナ欄に**全角カタカナ以外が入力されている**ことが考えられます。**フリガナ欄にはアルファベットや記号・半角カタカナは利用できません。**フリガナ欄にそれらが入力されていないか確認を行いましょう。

◇

　申請者情報や連絡先情報は、すべての手続きで共通して利用するものです。そのため、**これらの箇所でエラーが起きるのは、「その**

**申請者情報や連絡先情報を利用して初めて電子申請するときのみ」**
といってもよいかもしれません。

　申請者情報や連絡先情報にある項目は、ほぼすべてが必須項目と
されています。使用している業務ソフトによって、電子申請で利用
する申請者情報や基本情報の登録箇所は異なります。これらの箇所
でエラーが起き、修正箇所がわからない場合は、サポートサイトや
サポートセンターを利用して確認を行いましょう。

　筆者自身、初めて電子申請を行ったとき、本稿で紹介した申請者
情報の住所と郵便番号のエラーが発生しました。入力箇所が少なく
シンプルだからこそ、慣れからくる気の緩みでミスを誘発させてし
まうことが多いのかもしれません。

# ⚐その他

最後に、どの手続きでも起こり得るエラーを紹介します。

- エラー項目 ───
- エラー内容

> 添付書類属性情報の整合性チェックでエラーが発生しました。構成管理情報の添付書類ファイルの名称に同一のファイル名称のものが複数指定されています。添付書類ファイル名は、すべて異なる名称をつけてください。

## 原因および対処法

　添付ファイルに名称が同じものが2つ以上ある場合に発生します。

　電子申請時、添付ファイルの名称はすべて違う名前を付けなくてはなりません。複数名の労働者名簿や賃金台帳を付ける際は「対象者の氏名」をファイル名に追加する、数字を振るなどの対応をして、別のファイル名にするようにしてください。また、ファイル名で大文字小文字の区別はしていないことにも留意しましょう。

- エラー項目 ───
- エラー内容

> 処理中にエラーが発生し、処理が正常に終了しませんでした。

## 原因および対処法

　e-Gov側に問題があったのか、作成した電子申請データの内容に問題があったのかの確認が、利用者側では行えません。電子申請データの内容を再度確認して、電子申請を再度試してみましょう。それでも同じエラーが起きる場合には、e-Govサポートセンターに問い合わせを行いましょう。

## ↗つまずく項目は同じものが多い

　今回紹介したエラーは、筆者がソフト会社のサポートセンターに勤務していたときに数多く受けた問い合わせや、ソフトウェアの開発業務をする際、ソフト改修のためにエラーの傾向をつかむために調査を行っていたときの経験をもとにしています。

　エラーはじつに多くの種類があります。しかしながら、たくさんのエラーがあっても、問い合わせがくるのは、どれも同じようなエラーばかりでした。

　例えば、「○○○のフリガナ申請データの形式チェックでエラーが発生しました。全角スペースがないか、文字列の前もしくは後ろに全角スペースが入っています。姓名の間に全角スペースを入力して下さい。」という表示のエラー内容の場合、○○○の部分は変わりますが、どの手続きであっても起こり得るエラーです。しかも、対処方法が、どの手続きでも同じです。

　もし皆さんがこれから電子申請をしたとき、エラーが出てしまったら、「なんかどこかで見たことあるな……」と本稿を思い出していただけたら幸いです。

　そして、なんらかのエラーが出て、それに対処した後、他の手続きにおいてエラーが起きた場合は、まず、前回エラーが起きたときと同じように修正してみましょう。すぐに解決するかもしれません。

# ↗CSV添付ファイル方式の手続きエラーについて

　「届書作成プログラム」で申請データをCSV形式ファイルで作成してe-Govで電子申請する場合、CSVファイル内のデータについてe-Govでエラーが起きることは、ありません。

　届書作成プログラムで申請データを作成した場合は、e-Govで電子申請を行う前に「仕様チェックプログラム」というものがCSVデータをチェックしているためです（少し専門的な話になるので、ここでは説明を割愛します）。

　したがって、e-Govでは実質、CSV形式届書総括票の内容についてのみエラーのチェックが行われます。

　つまり、CSV添付ファイル方式の手続きでエラーが起きる場合というのは、**証明書関連**、または**業務ソフトを利用してe-Gov電子申請を行っている場合の申請者情報や連絡先情報欄**に起因するエラーが大多数です。

　本稿で紹介したエラーは、膨大に存在するエラーの中の一握りであり、他の原因によりエラーを引き起こすケースもあり得ます。また、今後もシステムによる自動チェック機能は日々改修されていくため、エラーの種類も増えていくことでしょう。

　そこで、次ページからは問い合わせをする際のポイントを解説していきたいと思います。

# エラーが起きたときは

エラーに直面すると、対応に困った末に、「電子申請は難しい。やっぱり紙で申請しよう」と電子申請を諦めてしまいがちですが、筆者からアドバイスを1つ。「エラーが出た場合の問い合わせに強くなりましょう！」。ここでは、エラーが起きてしまったときに取りたい行動と、問い合わせをする際のポイントを紹介します。

 **P O I N T**

☑ まず画面に記載されているエラー項目とエラー内容、エラー詳細を確認しよう

☑ サポートセンターに問い合わせをする前に「サポートサイト」に解決策がないか確認しよう

☑ サポートセンターへの問い合わせは「4つの情報」を整理してからするとスムーズ

# ⚐まずエラーの原因を確認する

　システムによる自動チェックでエラーが起きた場合、エラーとなった「**項目**」「**内容**」「**詳細**」が記載されます。まずは、**それを確認することが、エラー時の対応の第一歩**です。それから、申請データにあるエラーの原因となった項目の確認を行うことになります。

　ここでポイントとなるのは、「**申請データにあるエラーの原因となった項目の確認**」は「**保存データがあったほうが訂正箇所が判別しやすい**」ということです（申請データの保存方法は第3章の「始めようe-Gov電子申請」104ページ参照）。

　保存データがない場合、「このあたりを、こう直したらいいのかな？」と、予測しながら申請データを再作成することになりがちです。エラーとなった申請データが保存されていれば、そのデータを確認することで、訂正すべき個所が格段に判別しやすくなります。

　「エラーとなった原因を把握→適宜データを修正して再送信→エラーにならず審査中になった！」となれば無事解決です。

## ⤴ 原因がわからないときや再申請がうまくいかないときは

　「どこがエラーの原因なのか特定できない」「データを再作成後、再申請しても同じエラーが出た」「再申請したら最初とは違うエラーが出た」といった場合は、e-Govサポートセンターや業務ソフトのサポートセンターに問い合わせをすることができます。

　ただし、「エラーが出た→すぐに問い合わせをする」という行動が効率的とはいい切れません。電子申請のエラーは多くの人が経験をしているため、サポートサイトでエラーの解消方法が案内されているケースが多いからです。特に、業務ソフトを利用して電子申請をしているユーザー向けのサポートサイトは充実しています。**問い合わせをする前に、一度サポートサイトをチェック**してみましょう。

　**サポートサイトで解決できなかった場合は、サポートセンター等へ問い合わせ**を行います。
　この場合、電話がつながるまで、あるいはメールの返信が来るまでの待ち時間が発生します。**時期によっては想像以上に待ち時間がかかるケースがあることを覚悟**しなくてはなりません。

　特に、e-Govアプリケーションや届書作成プログラムを利用した電子申請の場合、業務ソフトのサポートサイトに比べて、エラーの解消方法の情報量が少なく、問い合わせに対する返信等にも時間を要します。
　そこで、e-Govアプリケーションや届書作成プログラムを利用した電子申請の場合、電子申請でエラーが起きたら、まずサポート

センターにメールやチャットで問い合わせを投げかけておき、それから自力でエラー解決方法を探してみるのも一案です。

　いずれにしても、**エラーが発生したときは、サポートサイトとサポートセンターの両方をうまく活用していくようにしましょう。**

　ちなみに、**たいていの担当者の方は、電子申請を何回かしていくうちに、エラー原因の検討をつけることが上手になってきます。**
　エラーの体験を繰り返すうちに、申請データの作成やデータ確認に対する注意力が増していき、いつのまにかエラーに出会う回数が少なくなっていくのは、"失敗学"のたまものなのかもしれません。

　エラーさえ起きなければ（あるいはエラーに極度の恐れを抱かなければ）、電子申請で悩むことは、ほとんどありません。
　繰り返しになりますが、「電子申請のエラーは誰もが通る道、いわば電子申請の洗礼みたいなもの」です。この道を乗り越えていきましょう！

## ⤴ 問い合わせするときのポイント

「電子申請したら○○○○というエラーになりました。どうしたらいいですか？」

筆者がシステム会社のサポートセンターでユーザー対応をしているとき、こうした問い合わせをいただくことが非常に多かったです。

電話での問い合わせであれば、確認したい事項をユーザーに伝え、その場で回答してもらう「言葉のキャッチボール」によって、リアルタイムで解決方法を案内することができます。

一方、メールでの問い合わせの場合は、電話のような言葉のキャッチボールが即座にできませんから、あらかじめ多くの情報を記載してから問い合わせをすることを心がけるとよいでしょう。確実な回答を得られやすくなります。

具体的には、**最低限、下記の情報を整理してから問い合わせをする**ことをおすすめします（電話での問い合わせの場合も、この情報を整理しておくと、解決に至る時間が早くなります）。

> ①エラーが出た手続名
> ②電子申請で①の手続きを行うのは初めてかどうか
> ③エラーの内容
> ④エラーを解消するために自身で試したことがあれば、その内容

これは、問い合わせ先が、システム会社のサポートセンターであろうが、e-Govのサポートセンターであろうが、どちらに問い合

わせをする場合でも同様です。

　特に④については、すでに試したことを記載することで、サポート側で他の原因を考えることができます（特に試したことがなければ、記載する必要はありません）。

　ちなみに、サポートセンターにとって、ユーザーからの問い合わせ内容は「エラー解消に向けた大きな武器（情報源）」であり、問い合わせの早期解決はもちろん、今後のシステムやソフトの改良につながる武器は、多いに越したことはありません。
　問い合わせ内容を詳細に伝えるのは容易なことではありませんが、**サポートセンターに問い合わせをする際は「思いつく限りの情報を伝える」ということを意識**してみてください。それが問題点の迅速な解決につながります。

---

### 「エラー」と「返戻」の違い

　「エラー」となった申請データは、年金機構や公共職業安定所などの提出先には届いていません。提出先に問い合わせを行っても、状況確認ができないため、回答を得られない場合が多いです。
　「返戻」の場合は、システム上のデータチェックは問題がなく、提出先に申請データ自体は届いています。ただし、申請内容に不備があるため、「返戻」されることとなります。この場合、何か不明点があれば、提出先に問い合わせをすることが可能です。

　「〈到達番号〉が発行されていれば提出先に申請データが届いている状態」と覚えておくといいでしょう。

---

第5章

# 電子申請後の進捗を確認しよう

電子申請のデータをを無事送信できた！　やれやれ一安心……、
といきたいのですが、まだ終わったわけではありません。
窓口での手続きと違い、電子申請では「データ送信後」が大切です。

# 電子申請の進捗管理

窓口で手続きをした場合はその場で完了しますが、電子申請は、電子申請データ送信"後"の管理がとても大切です。本稿では、電子申請後の進捗状況を表す「進捗ステータス」と「電子申請後の取り下げ・再申請」について解説します。

## POINT

- ☑ 電子申請は「電子申請データ送信"後"の進捗管理」が大きなポイント
- ☑ 「進捗ステータス」で状況の把握をしよう
- ☑ 電子申請の「取下げ」は、できる手続きと、できない手続きがあるので不安なときは提出先に直接連絡をしよう
- ☑ 再申請に備えて「申請データの保存」をしておこう

# ↗電子申請後の流れ

電子申請を行った後の流れは下図のようになります。

**電子申請後の流れ**

具体的には、申請した手続きが**今どのような状況なのかを定期的に確認**し（①）、行政による審査が終了したら**公文書を取得**（②）、**被保険者等に通知**し（③）、**社内で公文書を保存**をする（④）までが電子申請の一連の流れです。

進捗確認時にエラーになった場合や、審査は終了しているが内容に不備があり返戻になった場合には、電子申請データを再度作成して再申請し、改めて再申請した手続きの進捗確認を行っていくことになります。

# ⬈ 電子申請の進捗ステータス

手続きの状況は「**進捗ステータス**」で確認することができます。

なお、本書は主に「e-Govの電子申請」について解説する書籍ですが、本稿では参考までに届書作成プログラムの「進捗ステータス」も併せて案内します。

> 業務ソフトを利用してe-Govやマイナポータルに電子申請をする場合、e-Govやマイナポータルの進捗ステータスと紐づけたかたちで業務ソフト独自の進捗ステータスにて管理を行っていることがあります。業務ソフトを利用している場合の進捗ステータスが気になる場合は、マニュアルやサポートサイト、サポートセンターに問い合わせを行うなどして確認しましょう。

名称にカッコ書きで「（○○）」などが付いている進捗ステータスを見る機会は少ないので、あまり気にせず、「**到達はe-Govに申請データがある状態、審査中以降は提出先に申請データがある状態**」と覚えておけば問題ありません。

ステータス一覧①の表のほかに、手数料等の納付が必要な手続きの場合にはステータス一覧②のステータスも表示されます。

## e-Gov電子申請進捗ステータス一覧①

| ステータス名称 | 状況 |
|---|---|
| 送信済 | e-Govに申請データが送信された状態 |
| 到達 | 提出先に申請データが到達した状態 |
| 到達<br>（取下げ処理中） | 提出先で申請データの審査が開始される前に取下げが行われ、e-Govで取下げに係る処理を行っている状態 |
| 審査中 | e-Govから提出先に申請データが送信され、提出先で内容の確認を行っている状態 |
| 審査中<br>（取下げ処理中） | 提出先で申請データの審査が開始さている最中に取下げが行われ、提出先およびe-Govで取下げに係る処理を行っている状態 |
| 審査中<br>（補正待ち） | 提出先にて申請内容が確認され、利用者に対して申請内容の補正指示が出されている状態 |
| 審査終了 | 提出先で申請内容の確認が終了し、審査が終わった状態<br>申請データに不備がない場合、公文書が発行される |
| 手続終了 | 利用者側で公文書の取得が完了し、申請に関する手続きがすべて終わった状態<br>申請データに不備がある場合、"返戻"という形で不備内容の通知が行われる |
| 手続終了<br>（取下げ済み） | 取下げ依頼が提出先にて受理された状態 |
| 手続終了<br>（再提出済み） | 補正が必要となった申請に対して、利用者による補正申請が行われた状態 |
| 手続終了<br>（返戻） | 申請データに不備があることによる手続終了であり、利用者による補正申請の受付を行える状態 |

## e-Gov電子申請進捗ステータス一覧②

| ステータス名称 | 状況 |
|---|---|
| 納付待ち | 納付が必要な手続きにおいて、手数料が未納付の状態 |
| 納付済み | 納付が必要な手続きにおいて、手数料納付済みの状態 |
| 納付期限切れ | 納付が必要な手続きにおいて、手数料納付期限が切れている状態 |
| 取消し済み | 納付が必要な手続きにおいて、手数料納付が取り消されている状態 |

「届書作成プログラム」の進捗ステータスは、「e-Gov」の進捗ステータスに比べると、シンプルなステータス表示といえます。

なお、「**届書作成プログラム**」と「**マイナポータル**」の進捗ステータスには照会可能期間が設けられています。

照会可能期間を超えた場合は手続きの照会ができなくなるため、注意が必要です。

e-Govについては、後述する公文書のダウンロード期限などがありますが、各進捗ステータスの照会可能期間については明記されていません。

### 届書作成プログラム 進捗ステータス照会可能期間

| ステータス名称 | 照会可能期間 |
|---|---|
| 送信待ち | 1年間 |
| 処理中 | 1年間 |
| 終了 | 3か月 |
| 要再申請あり | 3か月 |
| 要ダウンロードあり | 3か月 |
| 取り下げ済 | 3か月 |
| 要確認あり | 3か月 |

マイナポータルについては業務ソフトを経由して申請を行うため、照会可能期間についても業務ソフトによって取扱いが異なります（届書作成プログラムの進捗ステータスもそのうちの1つといえます）。

申請を行い、その後数か月間放置することは考えにくいですが、「**手続情報は一定期間経過したら見られなくなる**」と覚えておきましょう。

## 届書作成プログラムの進捗ステータス一覧

| ステータス名称 | 状況 |
|---|---|
| 送信待ち | 提出先へ申請データを送るための準備をしている状態（届書作成プログラムに申請データがある状態） |
| 処理中 | 届書作成プログラムから提出先に申請データが送信され、提出先で内容の確認を行っている状態 |
| 終了 | 提出先での内容確認と審査が終了し、その結果について利用者側でもすべて確認されている状態 |
| 要再申請あり | 申請内容に不備があり、提出先から手続きの再申請依頼が行われている状態⇒申請データの修正をし、再申請を行う |
| 要ダウンロードあり | 提出先での内容確認と審査が終了し、公文書が発行されている状態だが、利用者側での公文書確認が行われていない状態 |
| 取り下げ済 | 取下げ依頼が提出先にて受理された状態 |
| 要確認あり | 取下げ依頼が提出先で受理されていない状態⇒届書作成プログラム内に新着のお知らせが来ていないか確認を行う。お知らせが来ていない等不明な点があれば提出先に問い合わせを行う |

# ⏶申請後の手続きに付けられる「送信番号」と「到達番号」

電子申請を行うと、電子申請データが送信されたタイミングで「**送信番号**」が、電子申請データが電子申請の窓口であるe-Govやマイナポータルに到達したタイミングで「**到達番号**」が付与されます。

これらの番号は、e-Govや提出先に問い合わせを行う際に利用する番号です。

ここで注意したいことがあります。

送信番号のみ発行されている場合、提出先である年金機構や公共職業安定所にはデータが届いていません。そのため、提出先に送信番号で問い合わせを行っても、申請データが届いていない状態なので、提出先では状況確認ができず、回答できない場合が多いです。

よくある間違いとして、「提出先に問い合わせを行うときに送信番号を伝える」ことがありますが、**提出先に問い合わせを行う際に利用するのは「到達番号」**です。間違えないようにしましょう。

# ⤴進捗ステータスの確認頻度はどれくらいがよいか

電子申請の進捗は、申請手続きや申請時期・提出先によって異なり、申請してから数日で審査終了まで進むこともあれば、数日たっても審査中のままのときもあります。

進捗ステータスの確認頻度は、不定期に何度も確認するよりも、**毎日３回程度**（①朝一番、②お昼休憩後、③終業時間前など）、時間を決めて、**現在申請しているデータをまとめて確認**をするのがよいでしょう。

社会保険関係手続きの担当者が複数人いる場合などは、電子申請を行った各人がそれぞれ確認を行うのではなく、「申請データの進捗確認は輪番制で担当する」というのも一案です。

---

### 進捗ステータスに変化がないときは「問題あり」なのか？

先述のとおり、電子申請の進捗は、申請手続きや申請時期、提出先によって異なります。例えば、入退社手続きが増える春先や、年に一度の年度更新や算定基礎届の提出時期である６月・７月は、各所から申請が行われるため、通常よりも進捗状況が遅くなる傾向にあります。

進捗ステータスが変わらないと、「ちゃんと申請できているのだろうか……」「いつ審査終了になるのだろう……」と不安になるかもしれませんが、進捗ステータスが「審査中」になっていれば、提出先に申請データは届いているので、ご安心ください。

とはいえ、離職票発行など急を要している手続きで、どの程度で審査が終わるかが気になる場合は、提出先に直接連絡して状況を確認することも可能です。

# ⚗申請後に手続きを取り下げたいときは

電子申請は、原則として進捗ステータスが**「到達」「審査中」**であれば申請の取下げが可能です（一部できない場合もあり。後述）。

しかし、e-Govアプリケーションや業務ソフト経由で行った取下げ依頼が提出先に伝わるまでにはタイムラグがあり、取下げの依頼をしたにもかかわらず手続きが進み、完了してしまった例も存在します。きちんと取下げができているか心配な場合は、**提出先に直接連絡し、到達番号を伝え、取下げができているかどうか確認する**ことをおすすめします。

また、労働保険関係成立届や労働保険概算・確定保険料等申告書などの一部手続きについては、e-Govアプリケーションや業務ソフト経由で取下げの依頼ができないものもあります。

そのような手続きについても、提出先に直接連絡し、到達番号を伝え、取下げの依頼を行うことになります。

# ⚡取下げの依頼をせずに正しい情報で再申請できるか

「訂正したい部分があったので再申請した」「取下げができなかったので、もう一度、申請した」と報告を受けるケースがあります。

このように、取下げの依頼をしなかった（あるいは、できなかった）ケースで再申請を行ったような場合、**後から送ったほうの手続きを正しいものとして処理してくれるかというと、答えはNO**です。

提出先が、申請案件をどのような順番で処理しているかは明らかにされていませんが、届いたものから順次処理を進めていると考えられます。修正データで再申請しても、正しいデータ内容で上書きしてはもらえません。「この手続きは既に処理されています」といったメッセージとともに、**提出先から返戻される**ことが考えられます。

提出後に誤りに気づいた場合は「取下げ」を行い、e-Govアプリケーションや業務ソフトで取下げができない場合は提出先に連絡し、**手続中の申請の取下げの依頼を行ってから再申請**を行いましょう。

# ⬈ 電子申請後、再申請に活用できる「保存データ」

　電子申請後、申請の取下げを行った場合や内容に不備があり返戻された場合、改めて電子申請データを作成し直して再申請を行うことになります。利用しているのが業務ソフトでもe-Govアプリケーションでも、保存データがなければ申請データを初めから作成し直すことになり、再作成の時間がかかることはもちろん、イチからデータを入力し直すことで新たなミスが起きる原因となり得ます。

　繰り返しになりますが、どの手続きであっても**電子申請データを作成し送信を行う前に「保存データ」を作成することをおすすめします**。「大丈夫だろう」と思っていても、思わぬ理由でエラーや返戻になることがあるからです。e-Govアプリケーションでは、申請書入力画面の最下部にある「申請データを保存」から保存データを作成することができます（**下図**）。

　業務ソフトによっては「保存データを作成できない」「保存データを再利用できない」といったこと

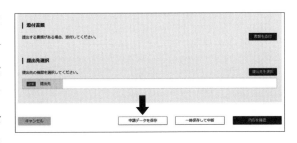

もあります。その場合は作成したデータを前回申請したデータと比較し、修正が必要だった箇所以外に異なっている点はないかを確認するよう心がけましょう。

## COLUMN

### 気を抜いていると「再々申請」になることも

　電子申請を始めた当初、筆者は業務ソフトを利用しておらず、e-Govサイトで電子申請を行っていました。

　ただ、面倒くさがりの筆者は、保存データの作成を行っておらず、再申請時には「○○が間違っていただけだから」と、イチからデータを入力していました。

　内容を入力し直し、前回送信した電子申請データとの突き合わせ作業についても訂正箇所のみ行って再申請を行っていたのです。

　はい、もう予想はつきますよね。案の定、1回目のエラーとは違う箇所でエラーになり、「**再々申請**」をすることに……。

　その後は基本的に保存データを作成し、仮に再申請になったとしても、最小限の入力で済むようにしています。

　過去の私には、「**自分を過度に信じちゃダメ！　常に疑いなさい**」という社会保険労務士の先輩の言葉を伝えたいです。

第6章

# 公文書の発行から
# 交付・保存について

無事に審査が終了し、公文書が発行されたらゴールはすぐそこ！
この章では、電子申請した場合の公文書の確認方法から
従業員等への公文書の交付、公文書の社内保存までを解説します。

# 公文書の交付と
# 保存はどうするか

窓口で手続きをした場合、その場で紙の公文書が発行されますが、電子申請は、公文書もデータで発行されます。本稿では、電子申請の場合の公文書がどのように発行されるのか、従業員等への交付や社内保存はどうするのがよいかを解説します。

POINT

- ☑ 手続きの「控文書」が社会保険関係手続きの主な公文書になる
- ☑ 電子申請において行政からの連絡は「メッセージ」と「公文書」で届く
- ☑ 公文書の保存義務や保存期間は電子申請であっても変わらない
- ☑ 電子申請の公文書には、いくつかの形式がある
- ☑ 再申請に備えて「申請データの保存」をしておこう
- ☑ 電子申請の公文書には「ダウンロード期限」がある
- ☑ 公文書の保存方法を検討しよう

# ⬦ 公文書とは

　「公文書」とは名前のとおり、「公の文書」のことです。政府や官庁など公的機関が発行する書類のことをいい、社会保険関係手続きでは、手続きに対する**公的機関からの控文書・決定通知書**を指すことが多いです。

# ⬦ 公文書以外に「メッセージ」が届く場合もある

　電子申請時、行政からは公文書以外に「メッセージ」という形の連絡方法があります。申請内容に不備があり返戻になった場合などは、公文書ではなくメッセージでその旨の連絡が届きます(※)。労働保険料の申告手続きの際、電子納付を含めた保険料納付のお知らせなどもメッセージで届きます。

　メッセージは公文書ではありませんが、**申請に関する大切な情報が載っていることが多いので**、しっかり確認しましょう。

※まれに返戻のお知らせ等が公文書として届く場合があります。

---

**電子申請の審査中なのに公文書が届いた！**

　前述のとおり、社会保険関係手続きの公文書は手続きの控文書もしくは決定通知書ですから、基本的にはステータスが「審査終了」になったタイミングで発行されます。

　しかし、令和4（2022）年9月20日以降、健康保険・厚生年金保険関係の年金機構に対して行う手続きについては、日本年金機構（提出先）に受理されたタイミングで、そのお知らせと申請書の写しが公文書として発行されるようになりました。

　そのため、健康保険・厚生年金保険関係の手続きについては、公文書が2回発行されることになります。電子申請後すぐに公文書が発行されるため、はじめは驚くかもしれません。審査中に発行される公文書は「手続を受理したお知らせ」であって、「手続きの処理が完了したお知らせ」ではないので注意しましょう。

---

## ⚡公文書の保存期間

手続きの完了時に発行される公文書には、それぞれの関連する法律に基づいて保存期間が定められています（下表）。**電子申請を行った場合の公文書の保存期間も同様**です。

| 書類名 | 保存期間 |
|---|---|
| 雇用保険に関する書類 | 2年(※) |
| 健康保険に関する書類 | 2年 |
| 厚生年金保険に関する書類 | 2年 |
| 労災保険に関する書類 | 3年 |
| 労働保険の徴収・納付に関する書類 | 3年 |

※被保険者に関するものは4年

## ⚡電子申請した場合の公文書

持参や郵送で手続きをした場合、紙で公文書が発行されますが、電子申請した場合は、**公文書も基本的にデータで発行**されます。

e-Govアプリケーションを利用して電子申請した場合には、Zipフォルダをダウンロードし、フォルダ内にある公文書を確認することになります。

> **業務システムで電子申請した場合の公文書はどのように発行される？**
>
> 公文書がデータで発行されることに変わりはありませんが、業務システムを利用して電子申請した場合には、「Zipフォルダをダウンロードし、そのフォルダから公文書を確認する」というよりは、「業務ソフトのボタンをクリックしたら、ブラウザやPDF閲覧ソフトで公文書がすぐに確認できるようになっている」ことが多いです。少し煩雑に感じる操作が簡単にできるようになっている点も、業務ソフトを利用するメリットかもしれません。

# ☑️ 手続きによって公文書のファイル形式は異なる

データとして発行される公文書ですが、**手続きによってファイル形式が異なります**。そのため、**確認方法も異なります**。

ファイル形式は大きく、「健康保険・厚生年金保険」「雇用保険」「労働保険（適用・徴収関係）」など、以下のように保険制度ごとで異なります

## ●健康保険・厚生年金保険

基本的にWEBブラウザ画面で表示を行う**xml形式**のファイルで発行されます。

ただし、会社名や被保険者の氏名など、申請情報内に「髙」や「﨑」などの**環境依存文字が使用されている場合には、例外的にPDF形式のファイルが発行**されます。

「健康保険・厚生年金保険被保険者資格取得届」の公文書データがあるZipフォルダを見てみましょう。

Zipフォルダ内には公文書以外にも関連するファイルが含まれているため、見慣れない間は「どれが公文書なのだろう？」となりがちです。

しかし、公文書のデータには**必ずxml形式ファイルと対になったxsl形式のファイル**があります。

前ページに示した Zip フォルダの場合、7100001.xml と 7100001.xsl が対になっているので、これが公文書ということになります。

　対になっていない xml 形式や xsl 形式のファイルについては、公文書を閲覧するための補助的役割のシステムファイルのため、確認は不要であり、従業員等への交付も必要ありません。

　被保険者報酬月額変更届や被保険者賞与支払届・被保険者報酬月額算定基礎届のように、複数人分をまとめて手続きすることがありますが、この場合も**公文書は１つのファイルで発行**されます。１つのファイルの中に個人単位の決定通知書が入っているイメージです。

　ただし、被保険者氏名に環境依存文字が含まれている方は別途 PDF ファイルで公文書が発行されるため、**複数人まとめて手続きしている際は、全員分の公文書が発行されているかどうかを、しっかり確認**してください。

---

### 複数名単位（連記式）の通知書がほしいときは

　複数人まとめての手続きをした場合に個人単位で通知書が発行されると、従業員数が多い場合に会社側での確認が煩雑になります。

　日本年金機構のホームページでは、個人単位の通知書を複数名単位（連記式）の通知書に変換する電子通知書の変換ツールが提供されています。手順書も用意されているので、複数名単位（連記式）の通知書がほしい場合は利用するとよいでしょう。検索エンジンで「日本年金機構　連記式スタイルシート」と検索してみてください。

　注意点としては、複数名単位（連記式）の通知書は「公文書」としてみなされません。そのため、公文書の保存は個人単位の通知書で行う必要があります。複数名単位（連記式）の通知書は、あくまで内容確認だけに利用しましょう。

●雇用保険

　基本的に**PDF形式**のファイルで発行されます。

　なお、**申請時に希望することで、PDF形式のファイルと併せてxml形式のファイルも一緒に発行することができます**（xml形式のファイルのみの発行はできません）。雇用保険被保険者資格取得届の公文書データがあるZipフォルダを見てみましょう。

　また、**ファイル名には公文書の名称が記載されている**ので、健康保険・厚生年金保険の手続きの公文書に比べるとわかりやすいでしょう。

　また、公文書の名称に続いて「**（事業主用）**」や「**（被保険者用）**」と記載されているので、交付すべきファイルがどれかも一目でわかります。


　雇用保険関係手続きの特徴として、公文書発行時に事業所に対しての「雇用保険に関するお知らせ」のファイルも発行されることがあります。

　これは特定の事業所向けのお知らせではなく、雇用保険制度の改正や各種手続きなど、**実務に影響のあるお知らせ**として一斉送信されたことが考えられるので、適宜確認を行うようにしましょう。

## ●労働保険（適用・徴収関係）

基本的に**PDF形式**のファイルで公文書が発行されます。

公文書名称については雇用保険手続きとは異なり、**到達番号が公文書名称**となって発行されます。

年度更新など**保険料の納付が必要とされる手続き**については、PDF形式の公文書とは別に、納付する保険料の有無や納付方法（振込・口座振替など）にかかわらず、「保険料の電子納付に関するお知らせ」「保険料納付のお知らせ」「申請結果のお知らせ」という**txtファイルがメッセージで発行されます**。


そのほか、時間外労働・休日労働に関する協定届といった労働基準関係の手続きなどもありますが、基本的には雇用保険や労働保険（適用・徴収関係）同様にPDF形式のファイルで公文書が発行されます。そのため、公文書を確認するのに困ることはないでしょう。

◇

現在、WEBブラウザで公文書を確認しなくてはならないのは「健康保険・厚生年金保険」の公文書のみですが、こちらについても近い将来、PDFファイルで発行する可能性がありますから、今後の動向に注目したいところです。

---

### 電子申請でも「紙の公文書」を発行してもらえるケースがある

健康保険・厚生年金保険被保険者資格取得届など、手続きによっては申請時に「紙の通知書を希望しますか」と記載された欄があり、「希望します」に✓を入れることで紙の通知書（公文書）が発行されます。

●画面イメージ
（e-Govアプリケーションの場合）

## ✍ xml形式の公文書を開いて真っ白の画面が表示された場合

　Microsoft EdgeやSafariでxml形式の公文書を確認しようとした場合に、真っ白の画面が表示されて、公文書が表示されないことがあります。

　このような場合は、**ブラウザの設定を変更することで公文書を表示できるようになる**ので、それぞれの設定方法を説明します。

### ●Microsoft Edgeの設定

> ①Microsoft Edge を起動し、右上の「**メニュー**」＞「**設定**」へ進む
> ②「**既定のブラウザ**」を選択し、「**Internet Explorer モードでサイトの再読み込みを許可**」を有効にし、「**再起動**」ボタンをクリック

　上記で設定完了です。設定後、xml形式の公文書をMicrosoft Edgeで確認して真っ白な画面が表示されたら、画面右上の「**メニュー**」＞「**その他のツール**」＞「**Internet Explorer モードで再度読み込みする**」をクリックすることで、真っ白な画面から適切な公文書画面へと切り替わります。

　設定を行っても、「Internet Explorer モードで再度読み込みする」を毎回クリックする必要があるので手間ではありますが、現状はそのように対応するほかありません。

## ●Safariの設定

①Safariを起動し、画面上部の「**Safari**」＞「**環境設定**」へ進む

②「**詳細**」を選択し、「**メニューバーに"開発"メニューを表示**」を有効にし、環境設定画面は終了する

③Safari画面上部の「**開発**」にある「**ローカルファイルの制限を無効にする**」を選択

上記で設定完了です。Microsoft Edgeと異なり、設定後に何かする必要はなく、公文書画面が適切に表示されるようになります。

これらの設定が必要になる理由として、もともと公文書のxmlファイルはInternet Explorerで開くもので、他ブラウザは動作保証していなかったことが挙げられます。

Internet Explorerのサポート終了により、最新のパソコンにはInternet Explorer自体インストールされておらず、Internet Explorerがインストールされているパソコンをお使いであっても、最近ではMicrosoft EdgeやSafari等ほかのブラウザを利用している人が多いことでしょう。

しかし、現状、Microsoft EdgeやSafariでは、本稿でご紹介した設定をすることで公文書の確認が可能となっており、**設定をしなければ公文書の表示がうまくなされないことがほとんどです**。

そのため、これらの設定は公文書を確認するため「**ほぼ必須の手順**」といってもよいかもしれません。

## ✎ 公文書を従業員等にどうやって交付するか

　電子申請の公文書を従業員等に交付するときですが、手渡しもしくは郵送が必須とはされておらず、**交付方法は任意**となっています。

　したがって、紙の公文書を交付するときのような流れで、**公文書のデータを印刷して手渡しや郵送することも可能**ですし、**公文書のデータをメール等の電子媒体を利用して交付することも可能**です。

　とはいえ、手渡しの場合は対面する機会をつくらなくてはならず、郵送の場合にはコストもかかってきます。せっかくなので、電子申請の公文書はメール等を利用して交付してみてはいかがでしょうか。

　ここでは、メール等で交付する場合の注意事項を解説します。

## ✎ 公文書をメール等で交付する場合の注意事項

### ①公文書はPDF形式で交付する

　公文書はPDF形式で交付することをおすすめします。PDF形式の公文書であればそのまま交付し、**xml形式の場合はPDF形式に変換**してから交付します。

　実際のところ、交付方法は任意ですから、例えば、ダウンロードした公文書のZipフォルダをそのまま交付することもできます。

　しかし、従業員等がフォルダを開封したとき、どれが公文書が判断できない可能性があります。健康保険・厚生年金保険手続きの公文書は一目で判別しづらいですし、健康保険・厚生年金保険以外の手続きについても、Zipフォルダ内には従業員等にとって不要の情

報も含まれています。また、xml形式のファイルの確認方法を知らない従業員等もいます。

公文書はあらかじめ**PDF形式に変換し、必要最低限の文書のみを交付する**ことで、従業員等が容易に確認できるようにしましょう。

## ②送信するPDFファイルにはパスワードを設定する

公文書には、氏名はもちろん、個人情報が記載されています。メール等のSNSツールを使用して交付する場合には**PDFファイルにパスワードを付けて交付**を行いましょう。

パスワード設定は、「**PDFファイルそのものに直接パスワードを付ける方法**」と「**PDFファイルをZipファイルに圧縮し、Zipファイルにパスワードを付ける方法**」があります。

どちらの場合も、パスワードを付けるための「パスワード設定ソフト」が必要となります。社内で利用しているソフトがあれば、自身の利用しているパソコンにインストールを行い、利用しているソフトがない場合は、利用するソフトを検討し、ダウンロードを行いましょう。

まれに、交付するファイルとパスワードを同じメール内に記載しているケースを見かけます。これではパスワードを付けた意味がありません。**パスワードは、交付するファイルを送信した後に、別途メールで通知する**ことを徹底しましょう。

近年、オンラインストレージの普及に伴い、公文書の交付なども
オンラインストレージに公文書をアップロードし、リンクを一定期
間、共有する方法を選択する方もいます。

　郵送も含め、御社にとってどのような公文書交付方法が望ましい
のか、社内で検討を行い、選択することが大切です。

　「この交付方法で徹底する」というものではなく、**「その従業員等
がパソコン操作に慣れているかどうか」**なども考慮のうえ、**柔軟な
交付対応を行う**ことが望ましいでしょう。

---

### PDF形式への変換方法

　Windows OSのユーザーの場合、Windows10以降は「Microsoft Print to
PDF」という機能が標準で備わっています。印刷時のプリンタ設定で「Microsoft
Print to PDF」を選択することでPDFデータとして出力することができるので、
Windows10以降を使用している場合は、こちらの機能を利用することをおすす
めします。

　mac OSのユーザーの場合も、標準機能でPDF変換機能が備わっているので、
こちらを利用するとよいでしょう。

　お使いのパソコンにPDF変換機能が備わっていない場合は、PDF変換の機能
が備わったソフトを利用します。有償のものから無償のものまで、様々なもの
がありますので、適宜ソフトを検討してダウンロードを行いましょう。

---

## ⏩ 従業員へは必ず通知するべきか

「手続きは行っているが、従業員への通知は行っていない」というケースを見聞きすることがあります。**結果の通知は義務づけられているため、何かしらの形式での通知は必ずしなくてはなりません。**

**雇用保険**については、**被保険者交付用の通知書**（公文書）が発行されるため、そちらを利用して通知を行うことになります。

**健康保険・厚生年金保険**の手続きの場合には、通知方法は任意とされているので、必ずしも公文書を交付する必要はありませんが、**別の書式を作って通知するくらいであれば、公文書を交付して通知することが一番簡易的**といえるでしょう。

「口頭での通知でもよいですか？」と尋ねられることがありますが、口頭では通知したことを証明しにくいので、**書面での通知を徹底しましょう。**

---

**公文書の印刷サイズに指定はあるのか**

　持参や郵送で手続きをした場合、離職票などＡ３サイズで発行される公文書があると思います。
　では、データで発行された公文書を印刷して郵送する場合や、従業員等がデータで受け取った公文書を印刷する場合に、印刷サイズはどうすべきなのか？
　これはＡ４サイズの印刷で問題ありません。「持参や郵送で手続きするときと同様にＡ３サイズにしなくては！」と考えてしまう方も多いのですが、Ａ４サイズで印刷された公文書の手続きも受理してもらえるのでご安心ください。

# ⚡ 電子申請の公文書にはダウンロード期限がある

電子申請の公文書は、**一定期限が過ぎるとダウンロードができなくなる**ので注意が必要です。

**e-Gov**に電子申請した場合、公文書に関するダウンロードの期限は**到達日時から3年間**です。また、一度公文書を取得し、**ステータスが「手続終了」になった場合、取得完了後90日間で申請案件一覧からデータが削除される**ため、再取得ができなくなります。

審査終了になった手続きの確認を3年間怠ることは滅多にないと思いますが、公文書を取得後に誤って公文書のデータを削除してしまうことは十分にあり得ます。この場合は公文書の再取得が必要ですが、取得時から90日以上経過していると再取得はできません。

そのような場合、従業員等に電子メール等で公文書交付をしているのであれば、まずは**メール等が残っていないか確認**しましょう。どこにもデータが残っていない場合は、**提出先に事情を説明し、公文書の再発行依頼等を相談**してみてください。

---

### 業務ソフトによる申請の場合も公文書のダウンロード期限はあるか

業務ソフトを利用して電子申請をした場合、e-Govやマイナポータルとは別に、各システム会社で運用しているサーバーに公文書データをダウンロードし、それを利用者が確認する仕様のものが多くなっています。したがって、公文書データのダウンロード期間や保存期間の扱いは各社で異なります。

申請案件一覧についても、e-Govアプリケーションを利用して申請した場合は手続終了後90日間で申請案件が削除されますが、業務ソフトではそのような仕様ではないところが多いようです。電子申請において公文書の管理は重要なポイントですから、あらかじめ業務ソフトのサポートセンターに問い合わせをしておくとよいでしょう。

## ⚥電子公文書の保存方法

電子公文書の保存方法は以下の2パターンになります。

> ①電子公文書を印刷し、「紙」の公文書と同様に保存
> ②電子公文書を「データのまま」保存

①のメリットは**一元管理ができる**ことです。すべての手続きが電子申請に対応しない限り、紙の公文書の保存を廃止することはできませんから、公文書をシンプルに管理することができます。

一方、デメリットには、「印刷コストがかかる」「印刷後の電子公文書を別途保存する場合、その保存方法を考える必要がある」などがあります。

②のメリットは、オンラインストレージを含むパソコン上で保存することで、紛失などのリスク回避ができることが挙げられます。

一方、デメリットとしては、「運用方法を明確にしないと、業務が煩雑になる恐れがある」ことです。例えば、様々なところに保存されると、必要なときに見つけ出せなくなります。また、オンラインストレージの不具合等によってデータが消失するなどのリスクを回避するため、定期的なバックアップ作業が必要になってきます。

両者のメリット・デメリットを見極め、**自社に合った方法を担当者と一緒に考えて決める**ようにしましょう。なお、データのまま公文書を保存する場合の管理については、第3章の104ページで例示しているので参考にしてみてください。

## 公文書を保存するなら
## 「フォルダごと」？　それとも「ファイルのみ」？

　第3章「始めよう e-Gov電子申請」の電子申請データの管理方法の例（105ページ）で、公文書については、「ダウンロードした公文書フォルダごと、または公文書フォルダ内にあるすべての公文書を保存」と提案しました。

　フォルダごと保存するのか、公文書として保存が必要なファイルのみ保存するのかは、個人の考え方によります。公文書の保存期間は法律で定められていますが、それはあくまで「公文書」の保存期間であり、**公文書以外の情報も入っている「ダウンロードした公文書フォルダ」をそのまま保存する必要はありません。**

　パソコンが正常に動くためには、ある程度の空き容量が必要です。もしダウンロードしたフォルダごと保存することを選んだ場合は、手続きが増えるにつれてパソコンに負荷がかかるので、空き容量を適宜、増やすようにしましょう。このとき、**「不要なデータを削除していく」**より、**「保存する必要のあるデータのみを保存する」**よう心がけるのがポイントです。

　また、xml形式のファイルよりもPDF形式のファイルのほうが起動しやすいことを考えると、xml形式の公文書は「PDF形式に変換したファイル」を保存することも一案ですが、**社内で保存する公文書は極力、交付時と同じファイル形式にする**ことをおすすめします。

第 **7** 章

# 電子申請の
# これから

電子申請の基礎解説から始まった本書も最終章となりました。
ここでは、筆者が担当者からよく受ける質問を取り上げ、
今後の電子申請に対する見解にもお答えしたいと思います。

# 選択肢としての
# 電子申請

ここまで読み進めて、「自分にもできそう！」と思った方もいれば、「大変そう。様子見でいいかも」と感じた方もいることでしょう。「結局、窓口や郵送で手続きするのと電子申請するのとでは、どっちがいいの？」と質問を受け続けてきた筆者として、今後の電子申請に対する見解を最後に述べたいと思います。

 **P O I N T**

- ☑ 電子申請の利用率は今後も上昇することが予想される
- ☑ 「持参・郵送での手続きと比べて電子申請のほうが利便性がよい」とは限らない
- ☑ 電子申請は、あくまで選択肢の１つ。「できない」と「やらない」では意味合いがまったく違う

# ⚡電子申請は今後どうなるのか

　業務ソフトからの電子申請が可能になったことや、特定の法人事業所に対しての電子申請義務化によって、利用率が飛躍的な伸びを見せた電子申請は、今後どうなるのでしょうか？

　近年、義務化の対象外の企業においても電子申請を始めるケースが増えました。**在宅勤務やテレワークの増加**に加え、コロナウイルス感染症の流行により、外出を控える傾向にあったこと・行政窓口が閉鎖していたことが影響したようです。2021年以降の電子申請利用率は、さらに上昇していることでしょう。

　また、現在は電子申請に対応していない社会保険関係手続きの中には、手続頻度が比較的高いものが相当数、含まれています。**電子申請は、申請者側のみならず、受理側の業務負担を減らすことにもつながる**ため、今後、非対応の手続きが電子申請できるようになり、対応帳票が増えれば、利用率はさらに上昇すると考えられます。

　そのほか、日本の少子高齢化は予想を上回るスピードで進んでいます。「人口動態統計速報（令和4年12月分）」によれば出生数は過去最少となり、80万人を下回ったとの発表がなされました。今後、企業の**人手不足**は、さらに深刻化するでしょう。

　そうした中で業務を滞りなく進めるために、生産性や業務効率を意識した「業務改善」が求められます。電子申請は、**業務効率化をするうえで活用できるツールの1つ**と位置づけることができます。

## ✒ 持参・郵送での申請と電子申請、結局どちらがよいのか

　電子申請の導入サポートをしていると、次のような問いかけを度々受けます。

> 「紙での申請と電子申請、どちらが楽ですか？」
> 「結局のところ、どちらがおすすめなのですか？
> 　わが社の場合は、どうでしょうか？」

　電子申請の導入本を執筆しておきながら、このように回答するのは変かもしれませんが、回答としては、「**どちらがおすすめといったものはありません**」です。

　電子申請は、確かに便利です。
- 24時間いつでも申請が行える
- 窓口に赴く必要がない
- 郵送費用がかからない　etc.

このようにメリットはたくさんあります。

　しかし、前述のとおり、デメリットもあります。
　例えば、e-Govアプリケーションで不具合があった場合や、利用している業務ソフトで不具合があった場合には、電子申請機能が利用できないこともあります。

　アプリケーションやソフト側の不具合であることがわかればまだよいですが、不具合の原因がわからない場合、

「なぜ申請ができないのだろう？」

「どこがいけないのだろう？」

と悩みながら、何度も申請を繰り返すことになる場合もあります。

また、繁忙期など、窓口に持参して申請すれば、待ち時間こそかかるものの、その場で完了できる手続きが、電子申請だと、なかなか進まず、時間を要することもあります。

**「どの状況においても電子申請が紙での申請よりメリットがある」**といったわけではないのです。

大切なのは、電子申請の方法を理解し、必要な知識を得ていく中で、「自社では紙での申請をメインで行っていくのか、電子申請をメインで行っていくのか」を選択することです。

電子申請をしない理由として、「電子申請のやり方を知らないから、できない」というのと、「電子申請のやり方は知っているけど、電子申請はやらない」では、まったく意味が違ってきます。

電子申請義務化対象の企業であれば、やらざるを得ないものなので話は変わってきますが、多くの中小企業や社会保険労務士事務所での電子申請は、あくまで「業務を行ううえでの選択肢の１つ」にすぎません。

**申請自体初めて行う手続きの場合や、申請業務自体にまだ慣れていない方の場合には、まずは紙で申請することをおすすめします。**

筆者自身、初めて対応する手続きの場合は、極力窓口に出向き、

紙での申請を行います。そして、**2回目以降からは電子申請で行う**
**ようにしています。**

　このように行動する理由は、「**電子申請は、その便利さゆえに、**
**あまり考えずとも申請ができてしまうから**」です。
　手続きを必要とするものには、必ずそこに「手続きをする理由・
背景」があります。
　それらを理解しないまま、電子申請の決められたフォーマットに
データを入力するだけだと、「手続きの本質」がわからないまま業
務を進めることになってしまいます。手続きをすることで見えてく
る「人事労務業務の本質」にも気づくことができません。

　そして、電子申請でしか手続きを行ったことがないと、先述した
ような、e-Govアプリケーションや業務ソフトの不具合で申請が
できなくなった場合や、自身のPCやインターネット環境に不具合
があった場合に、対応方法がわからず、右往左往することにもなり
かねません。
　今の時代、「デジタルに慣れすぎて、アナログでの対応方法がわ
からない（そして、途方に暮れる）」といったことが起きるリスクは、
社会保険関係の申請手続きに限らず、あらゆる業務に共通していえ
るかもしれません。

　世の中の動向として、電子化の促進は避けられません。担当者の
方においては、「**従来の手続方法を知っているし、できる。そして、**
**電子申請のやり方も理解している**」というバランス感覚を保つこと
が、現状の最適解といえるのかもしれません。

## 「ガバメントクラウド」をご存じですか？

　「ガバメントクラウド」という言葉をご存じでしょうか？

　これは、国のすべての行政機関はもちろん、地方自治体も含む**政府共通のクラウドサービスの利用環境**のことで、行政にかかわるデータを、行政が用意したクラウド上に保持する仕組みのことを指します。

　認定を受けたサービスは、そのデータにアクセスすることが可能になり、異なる省庁のデータであっても、共同管理のクラウド上にデータが保存されていることから、処理の利便性が向上することが見込まれています。

　2023年6月9日に閣議決定された「デジタル社会の実現に向けた重点計画」において、デジタル化の推進について改めて方針が打ち出されました。今後も、行政手続きの電子化は加速していくことが考えられ、それは同時に社会保険関係手続きの電子化も推進されていくことを意味します。

　今後、特定の法人同様に「電子申請義務化」となったとき、慌てて導入・運用を始めるよりは、努力義務ともいわれていないような、時間に余裕のあるタイミングで、少しずつ電子化の準備をし、慣れていくのが賢明なのかもしれません。

# おわりに

　電子申請への関心は高まっており、利用率も上昇しています。

　一方で、導入時の手順がわからず頓挫する方や、電子申請を試みたものの、**エラーやデータ返戻に直面して申請ができず、「紙で申請しよう……」と諦めてしまうケースが少なくない**のです。

　業務ソフトのシステム開発をしていると、ユーザーから電子申請に関する問い合わせや要望の声を数多くいただきます。それだけ**電子申請に関して改善の余地がある**と実感する日々です。

　多くの方々の業務を効率化するためにソフトを開発し、様々な機能を用意したとしても、ユーザーが活用しきれない結果になっているのであれば、これほど悲しいことはありません。

　筆者自身は市販ソフトの開発者であり、e-Govアプリケーションを開発しているわけではありませんが、システム開発者であれば、皆同じような思いを抱いていると思います。

　これから電子申請を始めようと考えている方や、電子申請に再チャレンジしようとされている方にとって、本書が電子申請の導入・運用のサポートに役立ち、効率的な業務を行うための選択肢を増やす一助となれば幸いです。その結果、電子申請の利用率がさらに上昇し、システム開発者が開発したアプリケーションが多くの人に利用してもらえるようになれば嬉しい限りです。

　最後に、執筆の機会をくださった日本実業出版社様、執筆にあたり協力をしてくださった先輩と同僚に感謝いたします。ありがとうございました。

村井 志穂

村井志穂（むらい　しほ）
社労士事務所　志(こころざし)代表。
1990年愛知県名古屋市生まれ。
大学卒業後、青果物卸売会社の営業補佐職を経て、2015年より社会保険労務士向けの人事労務ソフト会社のサポート部門に勤務。開発部門に異動後、労働社会保険諸法令に基づいた手続きの帳票作成をきっかけに、社会保険労務士の仕事に興味を抱き、2020年、社会保険労務士試験に合格。以降、専門的な視点を活かし、頻繁に改正される法令を踏まえたうえで、様々な機能を搭載したシステムの提案・開発を行う。その中でも電子申請機能には早くから着目し、電子行政サービスの新たな動向や企業関係者の実務に役立つ情報を発信し続ける。
2021年からは人事労務ソフトの開発に携わりながら、社会保険労務士事務所の代表として、中小企業をメインとした人事労務管理のサポートを行い、「ソフト開発と実務担当者の橋渡し役」として活躍。特にExcelVBAを利用した業務効率化の提案・サポートにおいて実績を上げている。
https://www.sr-kokorozashi.com/

そう む たんとうしゃ
総務担当者のための
しゃかいほけん でんししんせい ほん
社会保険の電子申請ができるようになる本
2024年4月20日　初版発行

著　者　村井志穂 ©S.Murai 2024
発行者　杉本淳一

発行所　株式
　　　　会社 日本実業出版社　東京都新宿区市谷本村町3-29 〒162-0845
　　　　編集部 ☎03-3268-5651
　　　　営業部 ☎03-3268-5161　振　替　00170-1-25349
　　　　　　　　　　　　　　　　https://www.njg.co.jp/

印刷・製本／リーブルテック